日向坂46
HINATAZAKA 46

～ひなたのあした～

登坂 彰

太陽出版

プロローグ

ここに興味深いデータがある。


片や坂道シリーズの代表であり、ここ数年、日本のアイドル界の頂点に君臨する乃木坂46。

もう一方は、その乃木坂46、さらに現在は櫻坂46としてリスタートを切った、かつての欅坂46とはまったく異なる路線でファン層を開拓してきた日向坂46。

この両者が発売する新曲（表題曲）のミュージックビデオの、ＹｏｕＴｕｂｅ公式チャンネルにおける公開初日の再生回数だ。

乃木坂46 27thシングル『ごめんねFingers crossed』(6月9日発売)
公開12時間 55万回再生
公開24時間 84万回再生

日向坂46 5thシングル『君しか勝たん』(5月26日発売)
公開12時間 80万回再生
公開24時間 108万回再生

なんと日向坂46は、単純に計算すると〝108万回−80万回=28万回、28万回÷12時間=2.33万回〟で、公開から14時間後には推定84.7万回再生(80万回+4.66万回)と、早くも乃木坂46の24時間再生回数を上回っていたのだ。

「坂道シリーズに限らず人気アーティストの新曲ミュージックビデオは、公開初日の再生回数が注目度のバロメーターになります。〝初日の12時間、24時間でどれほどの再生回数を記録するか？〟でヒットの計算が立ち、予想よりも低かった場合はセールスプロモーションを練り直す。つまりこの数字からは、すでに日向坂46は乃木坂46を超える潜在的な人気を誇っているということになります」（有名音楽ライター）

コロナ禍で握手会はなくなったものの、坂道運営はオンライントークの〝ミーグリ会〟を開催。

残念ながらメンバー22名の日向坂46は、物理的にメンバー43名（※27thシングル時点）の乃木坂46にCD売り上げでは敵わない。しかしそれぞれのYouTube公式チャンネルでのミュージックビデオ再生回数は、有無を言わさず「実質人気では坂道代表は日向坂46」であることを物語っているのだ。

「乃木坂46は27thシングルの活動で1期生の松村沙友理が、27thシングルのアンダーライブで2期生の伊藤純奈と渡辺みり愛が卒業しますが、今の主力は27thシングルでセンターを務める遠藤さくら率いる16名の4期生と、四天王＋梅澤美波の3期生。この世代交代がミュージックビデオの再生回数にも影響を与えているとすれば、22名のメンバーとおひさま（※日向坂ファンの総称）がしっかりと絆を築いている日向坂46が、坂道シリーズ盟主の座を奪うことが時代の流れだと思いますね」

（同有名音楽ライター）

そういえばＡＫＢ48が乃木坂46に引導を渡されたのも、中心メンバーの卒業による世代交代を上手く紡げなかったことが原因と言われている。

「〝歴史は繰り返す〟のが世の常。乃木坂46は少々ドラスティックに世代交代を進めたせいか、ファンの支持を失いつつありますね。コロナ禍の影響は乃木坂46も日向坂46も、そして櫻坂46も等しく受けているわけですから」（同氏）

いよいよ始まる〝日向坂46時代〟の幕開けに、本書を献上させていただきたいと思う――。

目次

日向坂46
ひなたのあした

日向坂46
ひなたのあした

1st Chapter

～エピソード集～

Episode
of
HINATAZAKA46

〝聖母・潮紗理菜〟の存在感

「かつて乃木坂46に〝聖母〟と呼ばれた深川麻衣がいた時代は、外部の僕らが見てもメンバー同士の仲の良さ、暗黙のうちにコミュニケーションが取れる空気が漂っていました。聖母が一人いるだけで、メンバーの精神状態が安定するからです。もし仮に平手友梨奈が卒業した後の欅坂46に聖母的なメンバーがいたら、果たして改名して出直さなければいけないほど追い込まれたか？　僕は断固〝NO〟と言いたいし、今、日向坂46に〝聖母・潮紗理菜〟がいることを、メンバーは幸せに思わなければいけません」

こう力説するのは、日本テレビ深夜アイドル枠を担当する制作プロデューサー氏だ。

「このところの日向坂46との関係は、ドラマはウチで、バラエティはAbemaTVと棲み分けが出来つつありますが、個人的には『HINABINGO!』シリーズをやりたいんですよね。こんなことを言うと、〝お前の所は（乃木坂）4期を推しすぎだ！〟って言われますけど（苦笑）」

そんな日本テレビ制作プロデューサー氏が「自分が日向坂46でバラエティをやる時は絶対に欠かせない」と断言したのが、潮紗理菜を起用することだった。

「現状、22名のメンバーは全員使うでしょうが、もし仮に人数を絞るような番組を作る際には、そのメンバーが何人であろうと彼女を入れたい。もっと言うと、彼女と合う組み合わせでメンバーを決めたいほどです」(日本テレビ制作プロデューサー氏)

ひらがなけやきに加入する以前にライブを見た小坂菜緒は、潮紗理菜のパフォーマンスに——

『こんなにキラキラした笑顔で歌ったり踊ったりする人って、本当に素敵だなと感動しました。
紗理菜さんの姿に惹かれない人はいないと思います。
間違いなく〝アイドルの鏡〟ですよ』

——と語り、グループに入ってからも、こう言って絶賛する。

『私の想像した通り。
いや、想像以上に明るくて優しい先輩だった』

「運営サイドも彼女の〝本領〟をわかっているので、日向坂が出演する番組やラジオ、SHOWROOMにも1期生の代表として多く出演していますよね。特に1期生から3期生までが出演する番組では潤滑油的な役割をこなし、誰からも愛される〝聖母〟としての存在感は日に日に増すばかりです」（同制作プロデューサー氏）

このところの潮は、新たに〝ツッコまれキャラ〟としてもジワジワと存在感を表している。

もともと〝お喋り好き〟の性格だけに、番組やライブMCなどでもその癖は止まらない。

メンバー同士のクロストークが「（そろそろまとめに……）」の空気になっても、さらに新しいネタを話し始めるのが潮。そうなると1期生だけではなく、2期生、3期生からも「紗理菜さん！」とお叱りを受けてしまうシーンも多々ある。

「後輩が遠慮なくツッコミを入れられるのは、聖母の彼女がどんなにキツいツッコミでも〝受け入れてくれる〟ことをわかっているから。ツッコミ一つで仲が良かった先輩後輩の間に亀裂が入るなんて、まさに〝アイドルあるある〟ですよ。潮にはそんな心配がいらないし、空気が悪くなると彼女が率先して間に入る。〝潮がいたから揉めなかった〟〝険悪な空気がすぐに浄化された〟なんていうのは、もはや日向坂では常識になってもいるのです」（同氏）

しかし潮紗理菜本人は、そんな自分に疲れたりしないのだろうか。
日向坂46のデビュー曲『キュン』の特典映像で周囲からの雑音に人間不信になり、卒業を考えたことをカミングアウトした時代もあったのに。

『そうですね。でも過去は過去、もう過ぎ去ったことですから(笑)。
いろんなインタビューで聞かれて話してますけど、
私はメンバーのみんな、ファンの皆さんの優しさに救われてきました。
それまでは誰かの言葉で心をえぐられて苦しんでいたのに、
そんな心を救ってくれたのは温かい言葉だった。
だから私は人を傷つけない、人を励ます言葉を大切にしているんです。
言葉にはそういう力があるから』〈潮紗理菜〉

潮紗理菜は1期生から3期生の潤滑油であると同時に、日向坂46のメンバーとファンとの『架け橋になりたい。それが自分の役目』でもあると公言している。

『メンバーの中では、私が一番ファンに近いメンバーだと思ってます。

実際、私は日向坂46の大ファンですし。

だから今、7月の野外ライブが本当に楽しみで。

ずっと配信ライブでファンの皆さんにも寂しい思いをさせてしまった分、
7月の『W－KEYAKI FES. 2021』はめちゃめちゃ盛り上がりましょう。

あれ？ でも欅坂46に改名したのに〝W－KEYAKI〟って……。

うん、とりあえず難しいことは抜きで(笑)』

日向坂46が初めて欅坂46と〝並んで〟比べられてしまう『W－KEYAKI FES. 2021』。

しかし潮紗理菜の頭の中にはライバル意識の欠片もなく、いかにしてライブを楽しみ、成功させるかのテーマしか存在していないようだ。

そんな彼女だからこそ〝聖母〟なのだろう──。

影山優佳が胸に秘める〝目標〟と〝夢〟

〝サッカー界の女神〟――それが影山優佳の通り名だ。

これまでに「サッカー好き」を公言するアイドルは山ほどいたが、専門家からその知識や知略を称賛され、現役の日本代表クラスの選手に「彼女は本物。というか〝サッカー馬鹿〟レベル」とまで言われたアイドルがいただろうか?……いや、いない。

「そもそも東大を受験したと言われるほどの地頭の良さで、しかも中学2年生の時には『**サッカーをもっともっと深く知りたい**』――との理由で〝サッカー4級審判員〟の資格を取得したほどの筋金入り。もちろん自身も小学生の頃から選手としての経験もあります。かつてアイドル界にはハロプロを中心としたフットサルリーグがありましたが、もし今も継続していたら、間違いなく〝チーム坂道〟の中心選手を張っていたでしょう」

影山が不定期ながら〝スペシャルアナリスト〟を務める『FOOT×BRAIN』(テレビ東京)制作スタッフ氏は、

「ウチはこれでもこの4月に10周年を迎えたサッカー番組。しかも試合速報や結果を放送する番組ではなく、〝日本サッカーが世界で通用するためには?〟をテーマにしたトーク番組です。単なるサッカー好きのタレントさんは必要としていません。いかに彼女の見識が素晴らしいか、おわかりになると思います」

――と、影山についてアツく語る。

そんな影山はこの4月から、サッカーアニメ『さよなら私のクラマー』(TOKYO MXほか)で声優デビューを飾っている。

『さよなら私のクラマー』はサッカーに青春を捧げる女子高生たちを描いた物語で、原作は昨年12月まで月刊少年マガジンで連載されていた同名漫画。

彼女は浦和邦成高校女子サッカー部のディフェンダー、海老名あやめ役で登場。

初挑戦となった声優について——

『お芝居がすごく好きで、
「いつか声優のお仕事もやりたい」と思っていたので、
その日のために準備していました。
実際に作品に臨むと声だけですべてを伝える難しさは想像以上で、
ちゃんと壁にぶち当たりました（苦笑）。
でも、だからこそやりがいを感じ、
「どうやってその壁を乗り越えるか？」を模索しながらの収録は、
めちゃめちゃ楽しかったですね』〈影山優佳〉

——と、並のアイドルには言えないリアクションだった。
特にやりがいに繋がったのは、影山が演じた海老名あやめは原作ではセリフがない役柄ゆえ、監督と話し合いながら一からセリフを生み出す〝試行錯誤の時間〟だったという。

『ファンの皆さんは知っていてくださるんですけど、私は5才からサッカーをやっていて、小学生時代はボランチや右サイドバックでプレーしていたんです。ボランチでは守備も意識していたし、サッカーファンとしても守備の駆け引きに注目しながら観戦してる。海老名あやめちゃんは、そんな私のためにあるかのようなディフェンダーで、冷静だけどプレーは熱い、理想とする守備を彼女のセリフにどう投影するか、監督とのやり取りにはやりがいを超えた〝生きがい〟すら感じてましたね』

男子との体格差を理由に中学進学を機にサッカーから離れたが、『サッカーを違う視点で見られたら、新しい楽しみが増えるかもしれない。もっと詳しくなりたい』とサッカー4級審判員資格を取得。

『1人の選手のフットワークに注目したり、スタジアムの上のほうからピッチ全体を戦術的に見渡す楽しみを知りました。最終ラインの駆け引きとか、監督の思惑とかを考えるのが好きです。もちろんその土台は、海老名あやめちゃんのセリフに活かされてます』

サッカーファンの多くが影山をきっかけに日向坂46の存在を知り、また逆におひさまの中にサッカーファンが増えているのは、彼女の立派な功績。


『いつか日向坂46でワールドカップやオリンピック中継のテーマ曲を歌いたい。

その時はぜひセンターで(笑)。

個人的にはサッカーの一大イベントでの中継で選手にインタビューすることが出来るような、
そんな信頼されるサッカーリポーターになるのも目標。

焦らずコツコツと、その夢に近づいていきたいです』

彼女ならば出来る。
なぜかそう感じてならない――。

加藤史帆と山下美月、単独センター同士の友情

『2年越しの夢が叶った瞬間。
すぐに松村（沙友理）さんと（山下）美月に連絡したら、いっぱい褒めてもらえました』〈加藤史帆〉

この5月21日に発売された女性ファッション誌『CanCam』7月号で、初めて念願の単独表紙モデルを飾った加藤史帆。

『君しか勝たん』でのシングル曲初センターを含め、5月はまさに――

『これまでの人生で一番注目された月。
もしかしたらこれからの人生含めて最高になるかも』

――と言うが、まだまだこの程度で満足してもらっては困る。

「2019年、日向坂46では第1号の専属モデルとして『CanCam』に登場。癒やし系キャラで同誌の〝カワイイ〟を体現すると共に、同じく専属モデルを務める乃木坂46の松村沙友理、山下美月と〝坂道三姉妹〟としても人気を博してきました。単独表紙となった同号では、夏を感じさせる赤いチェックのビスチェを着て、等身大の大きなクマのぬいぐるみと撮影。その撮影中には〝私らしく、恋したい〟のテーマにちなみ、編集部のスタッフが「クマを好きな人だと思ってギュッとしてみて」とオーダーすると、『**誰のことを考えよう……（秋元）真夏さんかな**』──などと呟きながら、ホッコリとした和やかな雰囲気で撮影がスタートしたそうです」（スポーツ紙芸能担当記者）

撮影中のスタジオにはモデルの気分を高めるために音楽が流されるが、加藤は──

『**日向坂46のキュンキュンする曲をメドレーで（かけて欲しい）**』

──とリクエストしたそうだ。

『3月の配信ライブが終わった後、
スタッフさんに「CanCamの表紙が決まりました」って言われて、
最初は〝(絶対にドッキリだ)〟と疑いました。
それが本当に本当だと知った時は、涙が溢れて止まらなかったです』〈加藤史帆〉

専属モデルに起用されてから、およそ2年半での初単独表紙。
最初の頃は〝カメラの前で笑うことも出来なかった〟自分に、まさかこれほどの大仕事が回ってくるとは。
冒頭のセリフにもある〝2年越しの夢が叶った〟のも――

『あの日からずっと願い続けてきた執念』

――とイタズラっ子のように笑う。

『2年前の夏（※8月23日発売の10月号）、松村さんと美月との3人で、坂道三姉妹的な表紙に起用していただけたんです。その時、松村さんが「次はかとしちゃん、単独で表紙になろうね」――と言ってくださって、私は「とんでもないです！」と返したんですけど、「大丈夫。かとしちゃんはかとしちゃんらしく、自分らしいモデルになればいいんだよ」――って。あの日からずっと、この瞬間を夢見てきたんです』

その撮影をきっかけに「乃木坂さんでは一番仲が良くなった」という山下美月には――

『撮影の前日に頭の中でシミュレーションしておけば、自然と〝こうしたい〟〝ああしたい〟ってアイデアが出てくるよ』

――とアドバイスされたそうだ。

『ありがたいお話で。
ちなみに松村さんは2015年5月号、美月は2018年10月号、
私は2019年4月号からの専属モデルで、松村さんはちょっと別格ですけど、
半年先輩の美月は「それは私が経験してホヤホヤだから」――と言って、
本当に惜しげもなくいろいろな相談に乗ってくれてます。
呼び方も〝かとうさん〟から〝しほちゃん〟〝かとしちゃん〟って変わって、今は〝としちゃん〟。
何かこの〝徐々に詰まる距離感〟って最高にエモいと思いません？』

そんな山下は加藤について――

『最初の頃は、見た目は美人なお姉さんなのに話すとフニャフニャになる、
〝ギャップ萌え〟だったんですけど、つき合うほどに意外な男らしさ（？）をビンビン感じるので、
さらなるギャップ萌えにやられています』〈山下美月〉

――と言う。

『「〝男らしい〟って何なんだ！」って文句を言いたくなりますけど、
美月は私より一足早く今年の1月に乃木坂さんの単独センターに抜擢されて、
ここでも半年くらい先を歩かれちゃってますけど、
気持ちは2人で肩を組んで（並んで）歩きながら、新しい時代を作っていきたいと思ってます。
グループは違っても、互いに相手に負けないように、相手に恥ずかしくないように、
そんな自分で頑張りたいですね』〈加藤史帆〉

乃木坂46と日向坂46――単独センター同士の切磋琢磨は、こんな形の友情から成立しているのだ。

加藤史帆が見せる〝アイドルを超えた〟バラエティ適性

「今、日向坂運営はメンバーのテレビ出演を積極的に進めています。メンバー個々のレギュラー番組に留まらず、5thシングル『君しか勝たん』フロントメンバーやキャプテンの佐々木久美、さらには渡邉美穂を中心に各テレビ局に売り込みをかけまくってます」（人気放送作家氏）

中でも目立つのが、その5thシングル『君しか勝たん』センターの加藤史帆。

『日向坂で会いましょう』でオンエアされたヒット祈願でも彼女のハードスケジュールに触れていたが、本人も――

『まさか自分がこんなに忙しくなるなんて、想像すらしてなかった』

――と驚くほどの売れっ子ぶりだ。

『ずっと小坂菜緒を見て「（大変そうだな～）」とは思っていたんですけど、自分には無縁だし他人事のように感じてました。

でもセンターに立つことになると、普通にフロントでいた頃の体感10倍は忙しい』〈加藤史帆〉

〝体感10倍〟とは実際の仕事量だけではなく、そこにセンターだけが感じるプレッシャーや責任感も降りかかるからの感覚だろうが、自分も同じ立場に立ってみて初めて〝小坂菜緒のスゴさ〟を知ったことは、加藤にとっては貴重な経験になっただろう。


『これから先、6thシングル、7thシングル、8thシングルって、誰がセンターに立つかは発表されるまでわからないけど、それが自分であろうとなかろうと、センターをしっかりとサポートする人間になりたい。

今回、自分がセンターになったからこそわかる、「こんなサポートが欲しい」みたいな感覚を知れたので。

きっと小坂菜緒も私を見てそう思ってくれていたんじゃないでしょうか』

そんな加藤がゲストで出演したバラエティ番組で、今をときめく人気芸人から――

『天敵や！ あなたとはもう二度と絡みたくない!!』

――と絶縁（？）されていたというから気にならないハズがない。

「相手は〝かまいたち〟です。〝絶縁〟は冗談に決まってますが、かまいたちからそんな言葉を引き出すなんて、彼女はめちゃめちゃオイシかった」

冒頭の人気放送作家氏はこう言って、加藤の〝バラエティ適性〟を高く評価する。

「今のテレビ界では数年先を見据え、かまいたちと千鳥、この2組にハマる、つまり相性のいいアイドルは高く評価される傾向が強い。かまいたちから〝天敵〟と言われるほど意識されているのなら、それはイコール彼女も安泰の兆し。かまいたちと千鳥が天下獲りに参戦する数年先には、彼女もバラエティ界の〝アイドル枠〟に確固としたポジションを築いているでしょう」（同人気放送作家氏）

驚くほどの高評価だが、そこには「すでに10月以降の複数の新番組で、彼女の名前が企画会議のキャスティング案に挙がっている」という裏付けもあるからだ。

確かに加藤はかまいたち相手に一歩も引かず、むしろ彼女の手のひらの上でかまいたちを〝転がしている〟シーンも見られている。

「『かまいガチ』(テレビ朝日)での彼女は、天敵に相応しい〝暴れん坊〟ぶりを披露してくれました。実は東京の視聴者にはほとんど知られていませんが、かまいたちはNMB48とのレギュラー番組をやっていて、アイドルをどうイジればいいか熟知しています。そのかまいたちから〝出禁〟〝収録終わったら殺す〟などと言われたことは、加藤を〝ギリギリまでイジっても笑いが取れる〟と認めたことでもあるのです」(同氏)

ゲストの悩みをかまいたちが〝心に響く名言〟で解決する、『かまいガチ』の名物コーナー「お悩み相談室」に登場した加藤。

するとかまいたちは一瞬にして「出た!」とリアクションし、背が高いほうの濱家(隆一)は——

『あなたもう出禁にしたはず』

——と苦虫を噛み潰したような顔に。

加藤は以前、この番組で――

『**佐々木久美さんが濱家さんに〝恋心〟がある**』

――と主張し、佐々木と濱家をくっつけるためのムチャぶりを連発。
そのやりたい放題が「加藤史帆の乱」として話題となったほど。
加藤はワザとらしく――

『**ごめんなさい、私のリサーチ不足でした。**
佐々木久美さんの一番好きな人は見取り図のリリーさんでした。
反省を踏まえ、絶対に濱家さんとくっつける本命のメンバーを連れてきました』

――と言って、渡邉美穂を呼び込んだ。
現れた渡邉に濱家が「美穂ちゃんは僕のこと好きなの?」と尋ねると、かつて収録前に話しかけてもらったことで緊張がほぐれ、「とても素敵な方だなって思っています」と素直に答える渡邉。

しかし「そこに恋愛感情はまだない」という渡邉を、無理矢理に割り込んだ加藤が——

『**本人が気づいていないだけでLOVEな気持ちあります！**』

——と、佐々木久美の時と同じパターンで煽りまくったのだ。

「そこから加藤が考えてきた〝渡邉が落ちる告白シチュエーション〟を濱家が実演。もちろんお決まりのオチで濱家は玉砕するのですが、自分から言い出しておいて濱家に様々な邪魔を仕掛ける時の加藤の顔が、いかにも〝ガチで楽しんでいる〟魔女の顔。そのやりたい放題さに、アイドルであそこまでかまいたちにムチャぶりを仕掛けられるのは〝加藤史帆しかいない〟と、テレビ界では注目されています」（同氏）

注目されるのは嬉しいが、やりたい放題の〝暴走魔女キャラ〟はいかがなものか（苦笑）。

しかしこれも、センターとして日向坂46の名前を売るための活動の一つとして割り切るしかないかも。

かまいたち相手に本領を発揮する（？）加藤史帆の〝アイドルを超えた〟バラエティ適性に大いに期待しよう。

ヒット祈願という〝試練〟

「坂道といえば〝ヒット祈願〟ですが、しかし今回はハードなロケの一発モノと違い、発売日の5月26日に〝日向坂46 OFFICIAL YouTube CHANNEL〟で生配信をするギャンブルに打って出た。もし生配信で失敗したら、そのフォローをどうするのか……メンバーにプレッシャーを与えて〝乗り越える〟強さを経験させようとしたそうですが、残念ながらハードルが高すぎましたけど」

人気放送作家氏がこう言って振り返るのは、5thシングル『君しか勝たん』ヒット祈願の〝全員チアリーディング生配信への道〟について。

ダンスチーム、フラッグチーム、スタンツチーム、アクロバットチームの4チームに分かれ、高難度のチアリーディングに挑戦したが、結果的には不完全燃焼に終わってしまった。

ダンスチームはジャンプとダブルターン、大技の〝風車〟などが課題となり、フラッグチームはそもそもの旗の振り方から覚えなければならなかった。

一般には聞き慣れない〝スタンツ〟とは、組体操のように人を乗せたり高く投げ上げる技のこと。チアリーディングといえば、ほとんどの人が高く飛び上がる大技をイメージするだろうが、アレがスタンツ。

センターの加藤史帆が特に気合いを入れて挑戦したのは、アクロバットチームでの〝バック転〟。他のチームが団体戦だとすれば、加藤史帆、濱岸ひより、髙橋未来虹のアクロバットチームは個人戦だ。

『最初に「今回のヒット祈願は何だろう?」って思った時、だいたいはタイトルにちなんでるから『君しか勝たん』で応援系だと予想してたんですよ。それで22人が全員でやるなら、応援団かチアリーダー。ロケの集合には〝ジャージに着替えるように〟と用意されていたので、「きっとチアのほうだな」――と。私的には学ランを着てガチの応援団をやるのもカッコいいし、捨て難かったんですけどね（笑）』

〈加藤史帆〉

もしチアリーダーではなく応援団だったら、加藤もあそこまで苦労することはなかっただろう。

『本当ですよ！
でもアクロバットで〝バック転に挑戦したい〟と手を挙げたのは自分だったんで、
その責任は私自身にある。
練習する時間が少なかったとか、危ないから補助付きでするとか、
それはもういろんな意味で単なる言い訳でしかなかったので……』

センターとして個人技の見せ場を用意してもらった加藤は――

『正直に言うと、勢いというか、自分を高めるために』

――バック転への挑戦を決めたそうだ。

『これまでと違って圧倒的に難しいのはメンバー全員が初日から感じていました。

チアリーディングの技術面だけじゃなく、何よりもみんなが心を合わせて一つにならなきゃいけない。

私も含めて準備が万全とはいえないメンバーは、生放送が本当に怖かった。

もともと日向坂のパフォーマンスをする生放送にも弱いのに、
チアリーディングの本番一発勝負だなんて、ちょっと想像しただけで鬱になる（苦笑）』

それでも加藤は——

『チアリーダーには本当に憧れていたので、
いくら生放送でもヒット祈願でそれが出来ることは素直に楽しみです。
練習を重ねて手応えを掴めたら、それに合わせて気持ちも高まるんですけどね。
そうなるように頑張るしかない』

——と、本番に向けて必死に自分自身を鼓舞していた。

彼女が今回のヒット祈願を通して何か一つでも〝実になる〟ものを得られれば〝成功〟だったのだ。

『お父さんが若い頃にバック転をバシバシ決めていたと聞いて、
〝いつか自分もやってみたい〟と憧れを抱いていたのは本当で、
「DNA的には絶対に出来る!」――と言い聞かせていたけど、
結果だけ見れば"バック転を舐めていた"と言われても仕方がありませんよね。
でも私、ヒット祈願で出来なかったからといって簡単に諦めるタイプじゃない。
アクロバット教室や体操教室で教えてくれる所もあるって聞いたから、
誰にも言わずに通って、いつか東京ドームでコンサートが出来た時、
5万人の前でやってみたい』

それでこそ我らの加藤史帆――。

そして、その気になれば成功シーンを集めて編集することも出来たはずなのに、あえてメンバーに〝生配信〟の重荷を背負わせた日向坂46運営には、何よりも〝試練こそがメンバーを成長させる〟強い意志を感じさせてもらった。

ヒット祈願という今回の試練を経験したことで、彼女たちはまたひと回り成長したことだろう――。

齊藤京子が明かすファースト写真集〝舞台ウラ〟

今年の1月、ファースト写真集『とっておきの恋人』を発売した齊藤京子。

自身がレギュラーモデルを務める女性ファッション誌『ａｒ』の編集部スタッフが「東京で彼女とデート」をテーマに制作を行い、都内のデートスポットや公園での〝彼女感〟に溢れるカットを中心に、デート前に身支度をしている歯ブラシをくわえたシーンや純白のランジェリー姿など、いかにもファッション誌が手掛けた作品は、今もジワジワと売れ続けている。

関係者の話によると、都内で生まれ育った彼女の希望で、全編都内で撮影されたそうだ。

『先輩の長濱ねるさんがファースト写真集の舞台を生まれ育った長崎（五島列島）にしたり、いろんな方々が故郷をテーマにしてるじゃないですか。私は東京が地元で今もずっと住んでるから、あまり故郷感がないんですよね（笑）。だったらいっそのこと、〝東京といえばデート〟みたいな、〝リアルな彼女感〟を演出したかったんです』〈齊藤京子〉

――そして齊藤自身も企画会議に参加していた舞台裏も明かしてくれた。

『将来は写真集を出すことが憧れであり目標でした』

ひらがなけやきに加入した時からの憧れだったという彼女は――

『だからこそ、自分も一から関わりたかった』

――と振り返る。

『自分の写真集が本屋さんに平積みになっていたのを見た時は、
正直に言って胸がジ～ンとしました。
「私が本当に写真集を出せたんだ、夢が叶ったんだ」――って、
実際に売られているまで信じられなかったので。
でもそれを見たら見たで、
買ってくださった方は〝どんな感想を持つのか〟が心配になったんです。
一応、メンバー全員が写真集を見てくれたんですけど、特に2期生には評判が良くて、
「すごくよかった」「本当にデートに行った気分になれた」「京子さんと旅行したみたい」
――なんて言ってくれたので、
それは写真集のテーマやコンセプトにばっちりとハマったな～と自信を深めたんですけど、
本屋さんで実物を見たら「まさか2期生、私が先輩だからおべっかを⁉」……と、
心配になっちゃいました（笑）』〈齊藤京子〉

しかも2期生のほとんどが、「このカットは色っぽい」「ドキドキする」と褒めてくれたのが手応えを感じていたカットだっただけに——

『おべんちゃらだったら超ショック』

……と苦笑いを浮かべる。

『それが〝しゃがんで下唇を噛んでいる表情〟のカットで、私としては大人っぽさと子供っぽさのハイブリットを意識したんです。ロケでお昼ごはんを食べたあとにお土産屋さんの入口でしゃがんで撮ったんですけど、〝もうちょっと食べたかった〟的な甘えた顔で表現してみました。下唇を噛む仕草はめったにしないので、自分自身でも「新鮮で新たな一面が出せたかな」——と。でもそう意識していたことが実は2期生に漏れていて、「あの写真を褒めれば喜ぶ」と思われていたりして』

ちなみに齊藤が『ある意味で最も意識した』のは、2019年8月に発売された日向坂46ファースト写真集『立ち漕ぎ』との差別化だったという。


『水着やランジェリーの撮影ですね。

『立ち漕ぎ』ではメンバーと一緒の水着カットでも、水着の上にTシャツを羽織ったりしていたんですけど、今回は1人で完全に水着やランジェリー姿になって差別化を図る撮影だったので、そこはすごく緊張すると同時に出来上がりが「大丈夫かな？」と不安でした。

完成した写真集を見てようやく「イケてる！」と安心したんですけど、普段は自分のボディラインには全然自信がないし魅力的だとも思わないのに、写真集にはちゃんと〝女性をやってる〟自分がいましたから』

〝女性をやってる〟とは面白いフレーズだが、高校生時代の齊藤は『アイドルは痩せていればいるほど可愛い』と信じ、野菜だけのサラダにすら『カロリーを足すなんてあり得ない』と、ドレッシングをかけて食べることを〝拒否〟していたほど過激なダイエットを経験していたそうだ。

『ラーメン好きはその反動（笑）。
今の私が憧れるのは、ナチュラルな自分の〝ザ・普通体型〟。
写真集の撮影でもあえてカラダを絞らず、自然な状態で撮ってもらいました。
その結果〝ちゃんと女性をやってる〟と認識出来たので、
これからも普通体型を維持していくつもり。
こしゃ（小坂菜緒）がキッチリとボディメイクに励んでいたのとは真逆。
でもそれは、それぞれのポリシーの問題だから正解も不正解もない』

決して無理をせず、ナチュラルな自分を表現していくことこそが、齊藤京子のポジティブさの象徴なのだ。

そしてその姿勢は、『キョコロヒー』でも存分に発揮されている——。

齊藤京子の才能を開花させる『キョコロヒー』

2020年10月にスタートした、テレビ朝日深夜枠の新機軸バラエティゾーン『バラバラ大作戦』。豪華出演者と若手プロデューサー&ディレクターがタッグを組み、1週間で【20分枠】×【14番組】の新番組を立ち上げたプロジェクトのこと。

さらに今年の4月改編ではその14番組中6番組がリニューアルし、中でも注目を集めているのが水曜日26時36分からの『キョコロヒー』だ。

「パーソナリティは日向坂46の齊藤京子とピン芸人のヒコロヒー。しかもその2人が担当するのが〝ダンス番組〟。制作陣はなかなかのセンスだと思いますよ」

こう言って感心するのは、テレビ東京『日向坂で会いましょう』制作スタッフ氏だ。

「京子がフリートークで話せるのは〝ラーメン〟ネタだけで、基本バラエティ向きのアイドルではありません。聞くところによるとテレ朝のスタッフは、京子の低音ボイスを〝絶対に深夜向き。活かしたい〟といって、熱心に（日向坂運営に）アプローチしてきたそうです。さらにその京子とタッグを組むのが、酒好き借金キャラで〝クズ芸人一歩手前〟のヒコロヒー。彼女ぐらいの立ち位置にいないと〝齊藤さんをガッツリとイジれない〟というのが制作陣の判断で、正解のマッチングだと思います」

（『日向坂で会いましょう』制作スタッフ氏）

女性ピン芸人としては『THE W』や『R-1』の決勝に進んでいないため知名度はさほどではないが、深夜帯でレギュラーを持てば〝お笑い好き〟の視聴者層に十分にアピール出来るのがヒコロヒー。またクズ芸人寄りではあるものの、本と映画（と麻雀）を愛する文化系芸人でもある。

「そんな2人がなぜかダンス番組の『キョコロヒー』を担当することになった。僕らから見ればテレ朝の若き才能がどんな番組を作るのか〝お手並み拝見〟の気持ちと、『キョコロヒー』が生み出す化学反応に何らかのヒントを見出せることが出来るのでは？――と期待もしています。日曜深夜の坂道番組3連発にはない展開が楽しみです」（同制作スタッフ氏）

実際に番組がスタートしてみると〝ダンス番組〟と看板を掲げながらも齊藤とヒコロヒーは一切踊らず、噛み合っているようで噛み合っていない独特なトークが予想外の反響を呼ぶ。

放送終了後には毎週のようにＴｗｉｔｔｅｒのトレンド入りを果たし、また東野幸治や土田晃之など一家言ある芸人が「あの番組は面白い」「緩く見られるのが嬉しい」と絶賛するにつれ、ファン層も着実に広がっている。

「京子は『出演者が私とヒコロヒーさんの2人だから、まず最初の収録から3本（週）録りでビビりました。だって初対面でしたから』——と笑っていましたけど、『だからこそヒコロヒーさんに興味を持つことから始められて、自分としてはやりやすかった』——そうです」（同氏）

覚えていらっしゃる方も多いだろうが、初回は互いに——

『友だちが何人いるか？』

——と、いくら深夜番組とはいえ驚くべき緩さのトークが展開された。

『性格も生活も全然知らないわけで、
そんな中、どんな人かを知るには〝友だちの数〟って重要じゃないですか？
イメージ的には〝あえて友だちを作らずに芸に生きる〟みたいな方だと感じていたので、
ちゃんと友だちがいたことで「ヒコロヒーさんも普通の人なんだ」と好印象でした』〈齊藤京子〉

いきなり『友だちとかいますか？』と聞いた齊藤だが、本人は――

『お互いにLINEの友だちが2桁くらいで親近感は感じました』

――と、自分の質問が〝上手くいった〟と感じていたのか、満更でもない様子だったらしい。

『最初の収録（※オンエア上は3週目）で恋愛トークまで距離を縮められたのは、自分でもちょっと驚きでした。

だって自分の恋愛を語ってくれるなんて、いくら番組でも私を信頼してくれた証じゃないですか？

ただヒコロヒーさんの「正式な彼氏はいないけど、最近遊んでいる人がいる。

一緒にお酒を飲んだりしている」っていうのは、今も絶対にやめたほうがいいと思います。

言い方は悪いですけど、都合のいい相手と思われてるなら悲しいから』

ヒコロヒーが最初の収録から齊藤を信頼していたかどうかはさておき、『日向坂で会いましょう』との決定的な差は彼女のリアルな本音がポンポンと飛び出すハプニング感だ。

「確かにヒコロヒー曰く『齊藤京子は暴れ馬』の一面が前面に出てますし、それは『ひなあい』では見られないキャラだった。京子は『キョコロヒー』で大きく成長するでしょうし、他のメンバーも京子に続いて欲しい」（同氏）

怖いのは半年で14分の6が打ち切りになった、テレビ朝日深夜枠『バラバラ大作戦』の方針のみ。

出来れば長く続いて、齊藤京子の才能を開花させて欲しいものだ。

齊藤京子が森田ひかるから受けた〝ポジティブな影響〟

『ひかりTVさんの『ボーダレス』のおかげで、
ずっと気になっていた森田ひかると〝ダチ〟になれました。
でもまさか2曲続けて櫻坂のセンターを張った彼女と、
あそこまで〝ツボ〟が一緒だとは思いもしませんでしたけど(笑)』〈齊藤京子〉

ひかりTV、ひかりTV for docomo、dTVチャンネルで配信されていたオリジナルドラマ『ボーダレス』。

全10話のこのドラマには乃木坂46、櫻坂46、日向坂46の坂道姉妹グループが共演することで、新たな化学反応を見せてくれた。

オリジナルドラマ『ボーダレス』は、ある殺人事件をきっかけに4つのドラマが境界（ボーダー）を越えてクロスし、1つに集約される物語。

その〝学校〟を舞台にしたストーリーで共演したのが、欅坂46の森田ひかると日向坂46の齊藤京子。

それまでは話す機会すらなかったという2人だが、いざ撮影に入ると姉妹のように仲良くなっていったという。

話してくれたのは、坂道シリーズが出演する番組を担当する、人気放送作家氏だ。

「森田は、将来やりたいことが見つからずに進路に悩む女子高生・森菜緒役。齊藤は菜緒の同級生で、ミステリアスな雰囲気をまとう片山希莉役を演じました。森田はデビュー曲から2曲連続でセンターを務めた自信からか、芝居も堂々としたものでした。齊藤はミステリアスな難役を貫禄で演じてましたね」（人気放送作家氏）

坂道合同オーディションに合格し、当時の欅坂46に配属された森田ひかる。

その欅坂46のアンダーメンバーとして、ひらがなけやき1期生で加入した齊藤京子。

ひらがなけやきが日向坂46として独立しなければ、極論すれば同じグループの先輩後輩になる可能性もあった2人。

齊藤は森田が欅坂46に配属された当初から——

『〝可愛い子がいるな〟——と、ずっと気になっていたメンバー』

——だったという。

『当時の欅坂に限らず、坂道のどこに入った子も全員チェックしますから。
でも乃木坂の4期生は目移りして大変でしたけど、欅坂は森田ひかる一択でした（笑）』〈齊藤京子〉

一方の森田は——

『京子さんは目立ってクールじゃないですか。
私にしてみれば〝テレビで見ていた〟憧れの先輩です』〈森田ひかる〉

——と、リスペクトを忘れない。

『そういう意味ではバッチリ〝両想い〟ですよ。
でも共演するまでほとんど接点がなかったとは思えないほど、すぐに距離が縮まりました。
森田ひかるは可愛いだけじゃなく、(役柄の) 菜緒みたいに物静かな子だと感じていたんですけど、
実際にはめちゃめちゃ笑う〝ゲラ〟で、ドラマが終わった今も〝ゲラ〟のパートナーというか、
後にも先にも「こんなに笑いのツボが合う人っていないいんじゃない?」
――と思うぐらいの関係性も築けたんですよ』

そんな齊藤のセリフを受け、森田も「本当に笑うタイミングが一緒」と語り、さらに――

『京子さんの特徴は、私が笑い止んでいてもずっと笑っているところ。
ツボは同じでもその穴が深いんです (笑)。
でもそんな京子さんが隣にいてくださったおかげで、
私も周囲もすごい良い空気感に包んでもらいました』

――と、嬉しそうに振り返っていたそうだ。

「日向坂運営のスタッフに言わせると、齊藤は森田と仲良くなったことで〝精神的なコンディションが安定した〟そうです。別にこれまで不安定だったわけではないでしょうが、森田が『**京子さんのおかげで良い空気感に包まれた**』――と語ったのと同じように、齊藤も良い影響を受けている。切磋琢磨というよりは、お互いの存在が〝ポジティブのもと〟になっているのです」（前出人気放送作家氏）

グループの枠を越え、良い関係を築き始めた齊藤京子と森田ひかる。

今後は2人のように、ポジティブな影響を与え合うメンバーが増えることを願いたい。

佐々木久美が秘める〝バラエティタレント〟としてのポテンシャル

グループとしての地上波レギュラーは冠番組の『日向坂で会いましょう』（テレビ東京）のみ（※2021年6月現在）だが、昨年からメンバー個々のバラエティ進出が目立つのが日向坂46の特徴だ。

「さすがに乃木坂46には秋元真夏、高山一実のバラエティ2トップが君臨。さらには3期生、4期生の勢いがあるのでまだ肩を並べてはいません。しかし櫻坂46のメンバーは完全に上回っています。あくまでも個々の頑張りでグループ同士を比べるつもりはありませんが、今年は去年の活躍をさらに上塗りしているので、ますます露出が増えるでしょうね」（テレビ番組情報誌記者）

ちなみに昨年の10月クール時点で日向坂46のメンバーが出演した番組回数は200を越え、個々のメンバーが日向坂46としてのバラエティ、ドラマ以外に出演した〝外仕事（※業界用語）〟での出演回数を見ると、ドラマで頑張った佐々木美玲が70回超で1位に。以下、2位の佐々木久美、3位の加藤史帆がベスト3だった。

「実はバラエティ番組のみでの2020年ゲスト出演回数を某アイドル誌が集計していて、それによると1位は齊藤京子の25回。2位は同数の24回で佐々木久美と佐々木美玲、そして3位に23回の加藤史帆が挙がります。事実上、この4人が〝日向坂46の顔〟としてテレビに出演しているということですね」(同テレビ番組情報誌記者)

センター回数が最も多い小坂菜緒の名前が挙がらないのは、昨年はまだ彼女が現役の高校生だったからだろう。

「京子はこの4月からお笑い芸人のヒコロヒーと『キョコロヒー』で新境地を開拓し始めましたが、一歩早く個人として存在感を示しているのが、キャプテンの佐々木久美です。昨年の10月にスタートしたテレビ朝日・AmebaTVの『みえる』で初のMCを、しかもあの東野幸治とのタッグで担当。すでに半年が経過していますが、かなり鍛えられてスキルが上がっています」(同氏)

東野幸治といえば松本人志の『ワイドナショー』(フジテレビ)の司会進行を筆頭に、数多くの番組MCを担当してきた売れっ子芸人。そればかりではなく、燻っていた時代の有吉弘行に「同じ匂いを感じる」と声をかけて復活へと導いたり、品川庄司の品川祐をイジって関西芸人の輪に招いたりと、テレビ界では「芸人やタレントの才能を引き出す名人。東野の眼鏡に叶えば売れる」と評価されている一面もあるほど。

『みえる』が始まった当初は緊張でガチガチだった佐々木久美だったが、半年経った今では東野からのイジリにも臨機応変に対応し、時には大胆なツッコミを入れたり、完全スルーで番組を進行させる技を身につけている。

「東野さんは番組スタッフに『**あの子は毎回、自分で課題を見つけて直してくる。性格が素直やから受け入れられるんやろな**』――と、一目置いているそうです。スタッフが久美の耳に入れても調子に乗って喜んだりせず、『**私がアイドルだから採点が甘いんですよ**』――と笑ってリアクションしているとか。このまま順調に番組が継続すれば、久美はアイドルの枠を超えたMCタレントに成長するでしょう」(同氏)

日向坂46の冠ラジオ『日向坂46の「ひ」』(文化放送)では、そんな佐々木久美の活躍を影山優佳が『いつも家族と一緒に出演番組を見ている』と話し、中でも影山の母は「(久美は)自然体で楽しみながら番組に出演している」と感心しているそうだ。

「メンバーが〝家族で見られる番組〟というのがいいですよね。自分たちのキャプテンが頑張っている姿を見て、自分自身のポジティブなモチベーションにしているのでしょう。そうやって日向坂46の絆はまた強くなる」(同氏)

単独で出演している番組には『潜在能力テスト』『TEPPEN2021冬』『世界の何だコレ!?ミステリー』『林修の今でしょ！講座』『しくじり先生 俺みたいになるな!!』『プレバト!!』『王様のブランチ』『クイズ！THE違和感』『全国ボロいい宿』など、そのジャンルは多岐に渡る佐々木久美。

『特に『みえる』でMCをやらせてもらったことで、逆に自分がMCじゃない立場で番組に出演する時、〝何が大事でどう対応すればMCさんがやり易いか〟みたいな、テレビ番組のコツがわかってきたんです。

番組の構成を考えながら発した自分のリアクションがMCさんにハマると、これがめちゃめちゃ気持ちいい（笑）。

私は今、テレビの面白さを存分に味わってます』〈佐々木久美〉

最も長いつき合いのオードリーをはじめ、バナナマン、千鳥、マヂカルラブリー、霜降り明星、そして東野幸治といった人気芸人からテレビのエッセンスを学び、そこに自分流の味付けを加える。

佐々木久美のポテンシャルは、まだまだ伸びるに違いない。

『賭ケグルイ双』出演で身につけた佐々木美玲の自信

乃木坂46の生田絵梨花が出演したことで話題になった、Amazon Prime Video独占配信ドラマ『賭ケグルイ双』。

連ドラと劇場版で展開する『賭ケグルイ』シリーズの主人公・蛇喰夢子（浜辺美波）が百花王学園に転校してくる1年前を描いた前日譚で、後に夢子の相棒になる早乙女芽亜里（森川葵）が主役のスピンオフ作品だ。夢子が転校してきた時にはすっかりギャンブラーだった芽亜里が、いかにして平凡な家庭に育った少女からゴリゴリのギャンブラーになっていったのか？――その過程を芽亜里が百花王学園に編入した初日から描いたストーリー。

佐々木美玲も新キャストの一人だが、その姿はあまりにも衝撃的。

佐々木が演じた〝佐渡みくら〟は、長井短扮する生徒会役員・風紀委員長の聚楽幸子専用の〝家畜〟。首輪で繋がれ、聚楽に仕えることで悦びを得る女子生徒役だった。

『いや～大反響でした（笑）。
まさか首輪に繋がれる家畜役で出てくるなんて、ファンの皆さんも思ってなかったでしょうから。
でも私、もともと『賭ケグルイ』シリーズのファンで、
見ていてビックリするような作品が大好きなんです。
『賭ケグルイ』の世界観にハマるような演技が出来るようになりたいと思っていたので、
オファーを頂いた時は一瞬で手を挙げました。
どんな役でも絶対に私がやりたかったから』〈佐々木美玲〉

ご承知の通り『賭ケグルイ』シリーズには原作コミックがあるので、佐々木はすぐに原作を読み、
「佐渡みくらちゃんにはどういう過去があったか？ どういう経緯で家畜になったのか？」などを
自分なりに理解し、監督に役作りのアドバイスをもらったという。
ただし原作をリスペクトして敬意を表しつつも『再現するのは難しかった』ので、自分の想像の中で
『普段はツンツンとしてるけど、聚楽様の前ではデレッデレになる。そういったツンデレのギャップは
大切にした』佐渡みくらが出来上がったのだ。

『その役作りの過程で、
監督さんからも「みくらちゃんならどうやる？」と自分で考えるチャンスを頂けて、
それは本当に難しかったけど自分の〝身〟になりましたね。
これまでは指導された通りに演じていたけど、
自分で考えながら演じることも初めてやらせてもらえて、
「自由にやっていいんだ」と学べたことは嬉しかったし楽しかった』

さらに最も絡みが多かった長井短には、女優としての凄みを感じる。

『原作を読んでいて聚楽様を「どうやって演じるんだろう？」……と思っていたんですけど、
実際に長井さんに会ってみたら、本当に聚楽様そのもので。
しかも『賭ケグルイ双』の撮影をしていた時に長井さんの『時をかけるバンド』も放送されていて、
聚楽様とは全然違う印象だったので「これが本物の女優さんなんだ」――と、
そっちでも驚かされました。
とにかくいろんな衝撃と刺激を味わえて、心に残る作品になったのは間違いありません』

また本作には乃木坂46の生田絵梨花も出演。

生徒会で睨みを利かせる美化委員長で、スピンオフ作品の〝ラスボス〟三春滝咲良役を演じた。

『生田さんとは一緒に撮影するシーンがなかったので、
現場ではすれ違う程度しかお会いしてなくて。

でも事務所で会った時に話しかけてくださったんです。

生田さんはすごく憧れの存在なので、私の存在を知ってもらえていたことが嬉しかったです。

アイドルもミュージカルも完璧にされていて、ものすごく尊敬しています。

生田さんがどれほど準備されているかを監督から聞いたりして、すごく努力家な一面に驚きました。

「私もまだまだ出来ることはたくさんある」

「もっともっと頑張らないといけないないな」

――と考えさせられました』

今回の『賭ケグルイ双』での経験を、まずは『日向坂に持って帰りたい』と語る佐々木美玲。

『渡邉や小坂など、個人でドラマや映画に出演しているメンバーの姿を見ると、刺激になるし勉強にもなるので、私自身の経験も彼女たちをはじめメンバー全員の刺激になるように。外の現場で学んだことをメンバーと一緒の仕事で活かすことで、みんなで成長していきたいですから』

――と話す彼女からは、メンバーから一歩抜きん出た自信と余裕すら感じるではないか。

佐々木美玲が〝休養〟で流した悔し涙

5月25日、日向坂46公式サイトで突然発表された、佐々木美玲の休養。
その2日前、収録とはいえ『日向坂で会いましょう』に出演、ヒット祈願の〝全員チアリーディング生配信への道〟の特訓を受けていたのだから、ファンはなおさら驚いた。

「ダンスチームの美玲は〝風車〟のスタンツこそ高本に変わってもらいましたが、でもそれは非力ゆえに自分の肩にメンバーを乗せることが難しかったから。決してこの時から、すでに体のどこかに変調をきたしていたわけではありません」

テレビ東京『日向坂で会いましょう』制作スタッフ氏も、「僕らサイドも寝耳に水だった」と語る。

「運営からは〝健康診断の結果、精密検査を受けたところ1週間ほどの入院が必要と診断されました。つきましては本人と話し合い、当面の間治療に専念させていただくことになりました〟との発表があり、ファンや関係者に向けて〝ご心配とご迷惑をおかけいたしますが、引き続き皆さまの応援よろしくお願いいたします〟と結ばれていました。これだけでは美玲が体調の悪さを自己申告をして検査を受けたのか、あるいはこのご時世、定期的な健康診断だったのかわかりにくい。ただ後に美玲がブログで匂わせているように、どうやら定期的な健康診断で引っ掛かったように思われます」(『日向坂で会いましょう』制作スタッフ氏)

要約にはなるが、佐々木美玲はブログで――

『どんな方でも健康診断、人間ドックをしっかり受けて欲しいと思います。
私は採血が嫌いすぎて「健康診断受けない」と去年も言ってました。
でもそんな健康診断に、そして採血に救われました』

――と語りかけているので、おそらくは定期的な健康診断だったのだろう。

「彼女は日向坂46のファーストアルバム『ひなたざか』のリード曲『アザトカワイイ』のセンターに抜擢される前後から、小坂菜緒や齊藤京子、加藤史帆に並ぶ売れっ子になりました。単独で出演した『女子グルメバーガー部』や配信ドラマの『賭ケグルイ双』に加え、4月クールからオンエアされた『声春っ！』の主演、『ZIP！』のリポーターにnon・noの専属モデル。さらに東京ガールズコレクションには第28回から第32回まで5連続出演を継続中と、日向坂の〝顔〟の一人として頑張ってくれている。責任感が強い性格だけに、そのすべてに全力投球で臨んでいては、いくら21才と若くても疲労が蓄積するのは当然でしょう」（同制作スタッフ氏）

もっと言えば、決して佐々木美玲だけに止まらない可能性もあるということだ。

『正直、あんな結果が出るなんて私自身が一番驚きました。

だって今まで入院したことがないし。

「お風呂やシャワーはどうするんだろう？」……って、今までの日常とどれだけ違うのか不思議な感覚ですね。

ドラマのワンシーンでしか見たことがない病室のベッドに、私が横になることになるなんて……』〈佐々木美玲〉

健康には自信があったからこそ、状況を受け入れるには「まさか」と時間がかかったのだ。

「入院が決まった時、美玲はまず『**チアはどうするんですか? やってから入院したいんですけど**』——と訴えたそうです。もちろんそんなことは許されなかったので、悔し涙を流さずにはいられなかった。『**チアもたくさん練習してきたし、いろんな方をチアで応援したい。先生方にも〝ありがとうございます〟の気持ちをチアで伝えたい。せめて生配信の会場に行ってみんなの頑張りを見守りたかったけど、体を動かすと少し危険があるので、それすらも出来ない**』——と、ジレンマだけが大きくなってしまった」（同氏）

即座に〝1週間の入院〟を命じられたのだから、それはやむを得まい。

そして本書が皆さんのお手元に届く頃には、また元気な姿と癒し系の笑顔でファンの心の支えになる、いつもの佐々木美玲が帰ってきていることを願いたい——。

愛されキャラ高瀬愛奈の〝盛ってない〟素顔

コテコテの関西弁だけに忘れがちになるが、高瀬愛奈は歴とした帰国子女である。出身は大阪府だが、小学4年生から中学1年生までイギリスで育ち、英語、フランス語、ドイツ語と4ヶ国語を操る。日向坂46には高瀬以外にも潮紗理菜、佐々木美玲と同期の1期生に3人の帰国子女がいるが、潮と美玲はアジア圏からの帰国子女。グローバルさは高瀬が一枚も二枚も上。

ちなみに坂道シリーズの〝元祖・帰国子女〟といえば乃木坂46の生田絵梨花だが、その乃木坂46には4期生にも北川悠理、清宮レイというアメリカ帰りの2人の帰国子女がいる。

さて、そんな高瀬愛奈だが、帰国子女であったことが逆に『なかなか自分を出せなかった』要因だったとも語る。

『あっちに住んでいて、しかも子どもの頃だったから言葉を吸収することが早いのは当たり前。
英語を喋れるなんて全然〝武器〟だとも思ってませんでした。
帰国子女は周囲からの視線と自分の想いに物凄いギャップを感じて、
若い頃ほど人見知りで引っ込み思案になる。
だから私は北川悠理ちゃんには、見た目はまったく違うタイプでもシンパシーを感じるんです。
本当は清宮レイちゃんのように、
見るからにポジティブな帰国子女になりたかったんですけど……』〈高瀬愛奈〉

アイドルになり、自分の殻を破るために必要だったのは、英語ではなく関西弁のほうだった。

「このところ関西弁を活かした〝毒舌ツッコミキャラ〟として存在感を増し、そのセリフから感じさせる鋭い視点は〝日向坂のJ.Y.Park〟と呼ばれています。今や『日向坂で会いましょう』でも彼女をフィーチャーした『トークの盛りすぎ注意！高瀬愛奈の〝それは盛ってるで〜〟！』という企画がオンエアされたほどで、いつの間にか帰国子女からコテコテ関西人へとキャラ変。しかしおかげで**『自分をそのまま出せる』**──と言い、彼女にとっては喜ばしい傾向です」（人気放送作家氏）

メンバーたちから〝愛あるイジリ〟を受け、その面白さが開花した高瀬愛奈。

だが加藤史帆には——

『私は高瀬愛奈が活躍するところが見たい。
まだ殻を破れていないけど、実は日向坂で一番クレイジーで面白い人だから』

——と言われるほどで、その一端が見えた『トークの盛りすぎ注意!高瀬愛奈の〝それは盛ってるで〜〟!』は、まさに高瀬のターニングポイントになる企画となった。

同企画はメンバーが〝あるある〟を語り、オードリー若林が話を盛っているかどうかを判定するもの。

たとえば、加藤史帆が高瀬の自宅に上がりたいと頼んでも『入れへん入れへん』と頑なに拒否し、佐々木美玲も自宅に上がり込もうとドアを開けたら、しっかりと足で食い止められたそうだ。

特に潔癖症でもないので原因を探ると、佐々木久美からは『口を開けている所を誰にも見せない』との情報が飛び出し、要するにアイドルの高瀬愛奈と一人の女性である高瀬愛奈の間には〝厳しすぎるほどの境界線〟があるという。

さらに楽屋では同期ごとに分かれて座るその間に高瀬が陣取り、聖徳太子以上の人数の話を余裕で聞き分け、そのすべてにツッコミを入れる離れ業を披露しているとか。

……これはさすがに盛っているのかな?

「高瀬から『**盛ってる盛ってる!**』――とツッコミが入るはずの企画が、何だかんだ言いながら、ほとんど事実に終わる始末（笑）。結局〝盛ってる〟ではなく〝もっと言って〟と催促したかのような内容でしたが、何よりも全員が楽しそうに発言したり、リアクションを取っていたりしていたので、むしろ〝高瀬愛奈って愛されキャラなんじゃない?〟と、改めて気づくための企画に思えました」

（同人気放送作家氏）

ではそろそろ、高瀬には〝愛されキャラ〟としての本性を現していただくとしよう。

加藤史帆が言うところの〝日向坂で一番クレイジーで面白い〟ところを思う存分発揮してもらおうではないか――。

高本彩花〝おバカ界の次世代スター〟の貫禄

「（当時の）ひらがなけやきが番組で学力テストをやり始めた時、率直な感想は〝またかよ〟でした。だいたいアイドルグループの番組は、ネタに困ると必ずといっていいほど学力テストをやる。もちろん〝出来ない子〟と珍解答を笑うためですが、この手の企画もそろそろ出来なくなるでしょうね。このご時世ですから」

一見、番組批判からの意見かと思いきや、自身も「48グループではずいぶんと笑わせていただきました」と、過去にアイドルの学力テストをネタにしてきたベテラン放送作家氏。

「高本彩花の往生際の悪さとヒット解答。彼女こそが〝おバカ界の次世代スター〟ですよ」

高本彩花の〝意外な〟才能について高評価を下す。

「アイドルにとっての〝おバカ〟とは、決してネガティブなだけのキャッチフレーズではありません。たとえば石原さとみや新垣結衣、有村架純あたりの女優が国語のテストで0点を取ると致命的なイメージダウンですが、高本彩花は自分をフィーチャーした収録回に繋がった。めちゃめちゃオイシいじゃないですか」（ベテラン放送作家氏）

〝アイドル〟がいつの間にか〝高本彩花〟限定になっているが、注意しなければならないのは〝バカを演じてはならない〟ことらしい。

「少し前に48グループ史上No．1の〝おバカ〟で一気に知名度を上げた川栄李奈が『**おバカのフリをするのが辛かった**』——などとカミングアウトしていました。しかし本人はそれで名誉挽回したつもりかもしれませんが、その瞬間、かつて〝おバカでも懸命に頑張る〟川栄を応援していたファンや視聴者をガッカリさせてしまう。確かに何年も前の話でも、嘘をついて裏切っていたのと同じ」（同ベテラン放送作家氏）

話を高本彩花に戻すと、それは『ひらがな推し』（テレビ東京）時代の番組企画〝かしこ&おバカセンターは誰？ 学力テスト〟でのワンシーンだったという。

「ペーパーテストの上位〝かしこ〟のベスト3は1位の宮田愛萌、2位の佐々木久美、3位の高瀬愛奈でした。もちろん盛り上がるのは〝おバカ〟のワースト3。実は高本は総合点ではワースト3位で、下には2位の齊藤京子、1位の濱岸ひよりがいました。しかし何よりも〝ヒット〟した解答こそ、高本が〝けつのび〟と書いた〝欠伸〟の読みがな。さらには『〝欠伸〟なんて漢字、あるのすら知らない』――とコメントすると同時に、国語は20点満点の0点だったことです（笑）」（同氏）

なるほど。高本には申し訳ないが、フォローするきっかけすら見つからない（苦笑）。

「彼女が起こした本当の奇跡はその後、番組が『日向坂で会いましょう』に変わってからも〝おバカ〟を認めない、本当は〝勉強が出来る〟と言い張り続けたことによる〝リベンジ企画〟が成立したことでした」（同氏）

コロナ禍による昨年のリモート収録期間、オンエアされたのが「おたけのおバカキャラ払拭！リモート学力テスト」企画だった。

「早押しクイズと学力テストの2本立てで、〝番組が彼女に何を求めているのか?〟がこんなにわかりやすい企画はありませんし、もちろん彼女も期待に応えてくれた。本来ならばワースト1位の濱岸と2位の齊藤が改めて再戦して真のワースト1位を決めるとか、セオリーに則った企画をいくらでも採用することが出来る。それを寄せつけなかったのが、〝自分は勉強が出来る〟と言い張る往生際の悪さと、〝けつのび〟以上に笑えるヒット解答が出なかった幸運。そしてスタッフや視聴者から〝おバカ界の次世代スター〟と認められた貫禄だったのです」(同氏)

果たしてこの先、高本彩花は〝おバカ女王〟の座を守り抜くことが出来るのか?

それとも高本を超える〝おバカ女王〟が現れるのか?

まだまだ目が離せない展開が続きそうだ。

ステイホームをきっかけに変わった高本彩花の意識

「今回のヒット祈願〝全員チアリーディング生配信への道〟のレッスン中、風車のスタンツが出来ない美玲の姿を見た高本が何の躊躇もなく交代を申し出たシーンを見て、彼女の成長と1期生の絆をヒシヒシと感じさせられました。正直なところ、高本自身のポテンシャルや実力では風車のスタンツを上手くこなせるわけではない。それでも1期生の仲間が苦しんでいる姿を、黙って見過ごすことが出来なかった。あのシーンは〝高本名場面〟の殿堂入りです」

日向坂46では「高本彩花が1推し」と話す人気放送作家氏は、この1年間で高本の仕事に対する姿勢が「ほぼ180度変わった」と断言する。

「それは高本推しのファンの皆さん大半が感じていると思います。本人も公式ブログで自分の想いを積極的に発信してくれていますけど、言葉ではなく自然な態度で示してくれたからこそ、僕らファンが〝高本彩花が変わった〟と確信したシーンでした」

人気放送作家氏に言わせると、高本彩花の魅力はもちろん〝おバカ〟ではなく、美脚を生かしたモデル体型のプロポーション、それを際立たせるクールなルックス。さらにバラエティで見せる甘えん坊な素振りや笑顔、そのギャップだという。

昨年の11月3日、前の日に22才の誕生日を迎えていた彼女は、公式ブログで赤裸々すぎるほどの想いを吐き出した。

まずは21才の1年間を――

『私にとって大切で、大きな変化のあった1年だったんじゃないかな』

――として、日向坂46の活動を続けていく中で『このままじゃダメだ』と感じながらも、

『どう変わったらいいのかわからないまま、目を背けていた』

――と、葛藤の時期があったことを告白。

さらに――

『グループ卒業を考えたことも一度や二度ではなかった』

――とまで綴った。

考えれば考えるほど答えが出ない……そんな高本に〝変わる〟きっかけを与えてくれたのが、皮肉にもコロナ禍の〝ステイホーム〟だったそうだ。

『ブログにも書きましたけど、嫌というほど自分自身と向き合う時間が増えて、それこそアイドルになる前の自分まで遡ってみたら、いかに自分が中途半端で自分に甘い人間だったかっていうことを認めざるを得なくなりました。ガムシャラに頑張るメンバーがいて、いつも味方になって見守ってくれる〝おひさま〟がいて、自分はその恩恵をもらってばっかり。ここで意識を変えなければ、私はこのまま〝何者でもない〟人間で終わってしまう』〈高本彩花〉

確かに人気放送作家氏が挙げた〝佐々木美玲とのやり取り〟は、高本彩花の意識が変わったことを証明する象徴的な出来事かもしれない。

「それまでは笑顔も意識して作っていたという彼女が、ステイホームで自分自身と向き合い、積極的にポジティブな行動を取るようになってからは、**『笑おうと考える必要がなくなった。その前に笑ってるから』**——と、感情表現もストレートに出るようになったそうです。さらに**『どんなにイヤなことがあっても、笑っていればなぜか楽しい。不思議ですね、考え方一つで人生がこんなに明るくなるなんて(笑)』**——と。つまり今の彼女は〝最強〟ってことです」（人気放送作家氏）

ステイホームをきっかけに自分自身と向き合ったことで彼女の意識は変わった。

アイドルとしてひと皮むけた、高本彩花のこれからの活躍が見ものだ。

東村芽依のプライドと彼女にかけられた期待

5thシングル『君しか勝たん』カップリングの1期生楽曲『どうする？どうする？どうする？』のセンターに、遂に東村芽依が抜擢された。

「東村は旧欅坂46でいえば鈴本美愉のような存在で、加入当初からダンスパフォーマンスでメンバーを引っ張ってきました。体は大きくありませんが、それをカバーするダンススキルは一級品です」
（テレビ東京関係者）

ひらがなけやき1期生として、この5月に加入5周年を迎えた東村芽依。

デビュー当初から極度の人見知りで、トークは〝喋らないで泣く〟ことが定番。

よくそんな性格でアイドルになろうとオーディションを受けたものだ……と、番組スタッフを困らせていたという。

「メンバーしかいない楽屋では大声でハシャギまくり、通称〝5才児キャラ〟は今も変わりません。しかし抜群のダンススキルと運動神経は抜けているので、欠かせない22個（人）のピースに収まってくれています」（同テレビ東京関係者）

また後輩を引っ張る自覚もあり、中でも東村と2期生の金村美玖、河田陽菜、丹生明里によるユニット曲『Cage』では、先輩の貫禄を見せて堂々とパフォーマンスで牽引。

それはフロントメンバーに抜擢された4thシングル『ソンナコトナイヨ』でも、センターの小坂菜緒に――

『芽依さんがいてくださって、すごく心強かった』

――と言わせたほどだ。

『こんなこと言うと怒られちゃいますけど、他のことが出来ない分、ダンスパフォーマンスでは与えられたらポジションと役割を期待以上にこなしたい。それがこんな私にもある〝プライド〟です』〈東村芽依〉

カップリング曲とはいえ初センターを務めた『どうする？どうする？どうする？』は、絆を紡いできた1期生が見せる〝普段の顔〟が、9人の様々な表情を映し出している。

また『声春っ！』で共演中の俳優・竹中直人が、冒頭からサプライズでゲスト出演しているインパクトには驚かされる。

『竹中さんは誰もが知ってる大物俳優なのに、偉ぶったりするところがまったくなくて、すごく気さくで話しやすい方でした。見た目は完全にメンバーのお爺ちゃんですけど、だからすごく親近感を感じたんです。私は『声春っ！』では全然メインじゃないので、次はメインに近い役で竹中さんと共演したい。何とかご恩返しが出来るように』

また『どうする？ どうする？ どうする？』を見ていると、本人以外の8人の同期がいつまで経っても泣き虫な彼女を囲み、愛しく見つめるシーンが思い浮かぶかのような演出を感じる。

「本人曰く『**体を動かすのが好きだから**』――という理由でひらがなけやきのオーディションを受けた東村ですが、積極的に〝アイドルになりたい〟とも思っていなかった彼女が、今や同期にも後輩にも頼られ、また彼女を目標にこれから日向坂46のオーディションを目指す少女たちも、きっと現れる時代になるでしょう。そういうことを本人の耳に入れるとまた泣き出すかもしれませんが、しかしダンススキルの高さに精神面の強さ、メンバーとしての自覚を身につけつつある彼女だからこそ、あえてプレッシャーを与えて成長を促したい。今回のセンター抜擢は、運営のそんな思惑もあるようです」（前出テレビ東京関係者）

奈良県で生まれ育ち、中学の部活はマーチングバンドを盛り上げる〝カラーガード〟競技に真剣に取り組んでいた東村芽依。

小学校のマラソン大会で5年連続学年1位に輝いたほどの野生児が、アイドル界のど真ん中で大輪を咲かせようとしている今、おひさまの皆さんに限らず誰もが、それがどんな花なのか見てみたくなるに違いない――。

東村芽依が担う〝大切なピース〟

東村芽依がフロントメンバーに抜擢された日向坂46の4thシングル『ソンナコトナイヨ』には、先ほどお話しした2期生の金村美玖、河田陽菜、丹生明里とのユニット曲『Cage』同様、同じく2期生の河田陽菜、松田好花とのユニット曲『ナゼー』が収録されている。

同曲は日向坂46の主演ドラマ『DASADA』（日本テレビ）内で3人が演じるクリエイティブアイドルユニット〝FACTORY〟が歌う劇中歌。

FACTORYは『ナゼー』のミュージックビデオだけではなく、コロナ禍直前の2020年2月4日、5日に開催されたイベント『日向坂46×DASADA LIVE & FASHION SHOW』でも、パフォーマンスを披露した。

このイベントは日向坂46のメンバーがモデルとなって登場するファッションショーとライブパフォーマンスを組み合わせた〝新感覚イベント〟として評価され、もしコロナ禍に襲われなければ、日向坂46の新しい柱としてさらなる展開が見込めたと予測されている。

この『ナゼー』、そして『Cage』の両曲で東村とユニットを組んでいるのが2期生の河田陽菜だ。

「河田は天使のような笑顔とマイペースぶりが魅力の妹キャラで知られていますが、154㎝前後の身長と合わせ、東村とは共通点が多いんです。東村が人見知りの泣き虫キャラでありながらも抜群の身体能力と運動神経を持つように、河田もふんわりとしたイメージとは真逆のド根性の持ち主。そんな河田を東村は『**パフォーマンスに変な癖がないので、それはとってもいい部分だと思って注目しています**』――と、しっかりと評価しているようですね」（アイドル誌記者）

一方の河田は東村に絶大なる信頼を置いている――。

『芽依さんはパフォーマンスには厳しいけど、
私たち後輩のパフォーマンスを否定するんじゃなく、認めてくれた上で、
「こうするともっと良くなるんじゃないかな?」――とアイデアを出してくださるんです。
そこから芽依さん含め、みんなで煮詰めていく。
頭ごなしに〝こうしろ、ああしろ〟とは絶対に言わず、
私たちの自主性を尊重しながら支えてくれている』

「FACTORYでいえば、もう一人のメンバーは2期生の松田好花で、彼女は1期生の潮紗理菜と同じくクラシックバレエの経験者。東村は『バレエをちゃんとやってきた人は指先までキッチリと止められるから、同じパフォーマンスをするにしてもやっぱりキレイ。好花は自分の特徴をどう活かせばいいか理解してるし、私は相談された時だけ答えるようにしている』――と、ちゃんと見てくれている」

(同アイドル誌記者)

松田もそんな東村に――

『安心感がある。

もし私が間違った方向に進んでも、芽依さんがちゃんと戻してくれる』

――と、すべてを任せているようだ。

「残念なのは先ほどもお話ししたように、コロナ禍によって『日向坂46×DASADA』のイベント展開が止まり、FACTORYの活動も止まってしまったことです。ユニット曲の『ナゼー』はPerfume系のキュートなテクノポップで、日向坂46の音楽の幅を広げる可能性がありました。また歌詞の世界観もいわゆる〝応援ソング〟が多い日向坂46の表題曲とは一線を画し、世の中に対して疑問を発信する個性的な楽曲。秋元康さんや日向坂運営が〝グループとしては歌わせられないけど、ユニット曲としてこのジャンルは押さえておきたい〟と考えている意図が伝わり、貴重なユニットになったはずなんですが」（同氏）

また運営が後輩とのユニットメンバーに東村芽依を配するのは、単にパフォーマンス力が高いからではない。

河田陽菜、松田好花の言葉にもあるように、東村は後輩たちの長所を伸ばし、成長をサポートするに相応しい能力を持っているから。

人見知りだろうが泣き虫だろうが、彼女は日向坂46には絶対に欠かせないピースを担っているのだ。

金村美玖が思い描く〝未来の自分〟

『私、2002年の9月10日生まれだから、まだ18才なんですよね。
でも『声春っ！』の〝きらめき声優学園〟では同級生よりも2才年上のクールな役。
むしろKAWADAさんより1才年下なのに、神のように慕われる役じゃないですか。
ドレミ荘の他のメンバーもひなの以外は年上で、
最初はクールに振る舞うのが大変でした（笑）』〈金村美玖〉

日本テレビの深夜ドラマ『声春っ！』で、声優アイドルを目指して学園に入学した〝月川雪菜〟役を演じた金村美玖。

主人公ではないものの、クールなお姉さんはキャラクターが立った重要な役柄だ。

「身長は美玲よりもやや低いものの、2期生では小坂菜緒に次いでモデルとして活動しているので、姿勢も良く、体幹を上手く使って年上のクールなお姉さん役を演じています。本人はモデルの仕事に強いこだわりを持っているので、そのあたりはお手のものだったのでしょう」(『声春っ!』制作スタッフ)

モデルといえば、金村が坂道シリーズで〝憧れの先輩〟として名前を挙げるのは——

『ランウェイを歩く姿が美しすぎて目が開けられない』

——と言う、櫻坂46の土生瑞穂。

その土生と1年ぶりに同じランウェイを歩いたのが、今年の2月28日、国立代々木競技場第一体育館から配信で開催された『マイナビ 東京ガールズコレクション』だった。

『TGCに参加させて頂くのは2019年の〝春夏〟コレクションから3年連続なんですけど、一人でしっかりとランウェイを歩くメインモデルの経験は去年から。
久しぶりのランウェイで緊張しちゃって、本番の何日も前からいろんなポーズを試してました（笑）。
この1年、私なりに勉強もして少しは自信もついたし、
シミュレーション通りには出来たんですけど、
自分の映像を見返してみると他のモデルさんのランウェイと比べたらまだまだ。
練習と経験が全然足りないことを思い知りました』〈金村美玖〉

リハーサルも含め、舞台裏では――

『ずっと土生さんのそばにいて、隙あらば話しかけてました』

――と言う金村。
憧れであり目標でもある土生とはグループが違い、こんな時でなければそばにいることも叶わない。

『土生さんのモデル姿がずっと大好きで尊敬しています。
TGCでお会い出来るのはわかっていましたけど、久しぶりすぎて泣きそうになりました。
私には貴重な時間なので「聞きたいことは全部聞こう！」と思っていたんですけど、
ゲームの話や美味しいご飯の話で盛り上がりすぎて、
肝心のランウェイについての話まで辿り着かなかったのが悔しいですね』

言葉としてのアドバイスはもらえなかったが、しかし土生のそばで本番を迎えるまでのルーティンや気持ちを集中させていく空気感を共有することが出来て――

『それが一番の勉強になりました』

――と振り返る。

『「自分自身が夢を叶えるためにはどうすればいいのか?」――
それを日向坂46がデビューした頃から本格的に書き留めているんですけど、
実際に行動に移しているかと言われれば、きっと半分も出来ないでいる。
土生さんのそばで学んだのは、何もしないで書き留めただけで満足している自分が、
いかに無駄な時間を費やしているか。
土生さんは私と世間話で盛り上がる時間もあったけど、
それを含めてリハーサルから本番に臨むまでを計算されているんです。
メリハリをきちんとつけて、リラックスする時間は思いっきりリラックスする。
プロの仕事を見せていただけたことが、今年のTGCでの一番の収穫でした』

憧れであり目標でもある土生瑞穂を――

『「いつか超えたい!」――と声に出して言える日が来ますように』

――と、金村美玖は未来の自分を思い描いている。

〝今年が勝負、売れなきゃ困る日向坂46〟を救うバラエティの女神降臨

この5月24日、日向坂46〝バラエティ選抜〟の5名が満を持して出演したのが『しゃべくり007』(日本テレビ)だ。

MCの上田晋也(くりぃむしちゅー)に呼び込まれて登場した佐々木久美、佐々木美玲、加藤史帆、河田陽菜、丹生明里の5名は、『今年が勝負、売れなきゃ困る日向坂46』と題したテーマで自己アピールを開始。

それが〝自己〟ではなく〝事故〟になってしまったのが河田陽菜だった。

河田はデビュー曲の『キュン』にちなみ、手持ちのアピールボードに〝TikTok 3000万回再生のキュン踊りたいです!〟と記入して登場。

上田がまず彼女を指名して『じゃあ河田さんいってみようか』と振ると、少々焦り気味の河田は――

『私たちのデビュー曲の『キュン』という曲があるんですけど、それがＴｉｋＴｏｋとかで、ろうりゃ、ろうにゃくにゃんにょ……』

――と、〝老若男女〟を上手く言えずに噛んでしまったのだ。

アイドルのミスにすかさずつけ込み、上手く笑いに変えるのが上田の〝仕事〟。

「何て?」とツッコむ上田に対し、さらに河田は――

『ろうにゃくにゃんにょ』

『りょうりゃく』

――と続けて噛んでしまう。

「有名おじさん芸人が目の前で自分を見てるわけですから、緊張して焦るのは当然。上田さんはセオリー通り『**はい、失格となりま〜す**』――と強制的に打ち切って笑いに変えたのです」(人気放送作家氏)

しかしそんな河田を本能的に「(まだイジれる)」と感じた有田哲平や堀内健は、それからも事あるごとに河田に『老若男女』を言わせる〝天丼〟に出たのだ。

「天丼とは同じネタやボケを何度も何度も繰り返して笑いを取る古典芸ですが、河田は数回失敗を繰り返した後、『ろうにゃくにゃんにょ！』と堂々と言い切り、上田さんに〝残念〟と言われると、逆に『(合ってますよ！)』――とでも言いたげな表情を画面に抜かれました。もう完全にマヒして、何が正解なのかもわからなくなっていたのでしょう(笑)」(同人気放送作家氏)

正解は言うまでもなく「ろうにゃくなんにょ」。

さらに河田は――

『ろうにゃくにゃん』

『ろうらく』

『ろうら』

――と失敗を繰り返すと、しゃべくりメンバーだけではなく、上田晋也も「(この子、永久に言えないんじゃないか?)」と感じ始めたのか、「噛むタイミングが早くなってるよ」と遠回しに正解へと誘導。

すると河田は逆に——

『ろうにゃくにゃんにょ』

——の間違いまで戻ってしまったのだ。

そこで〝(老若男女から離して最初まで戻るか)〟と判断した上田が——

『河田さん何だっけ？ TikTokだっけ』

——と振ると、スムーズに、

『老若男女の方がすごくたくさん踊ってくださって』

——と、スラスラと淀みなく言葉が出る。

その瞬間、バラエティ選抜のメンバー全員が〝ヤッター!!〟と拍手喝采で河田を祝福した。

上田も「そんな喜ぶことか」と言いつつも、目線は娘の成長を見守る父親目線。

それにしてもよく番組サイドは、こんな不毛な〝言い間違い〟をカットしなかったものだ。

「確かに。しかも河田のネタに合わせ、おひさまの番組ADが『キュン』を踊る天丼まで仕込んでありました。河田の『ろうにゃくなんにょ』が盛り上がっていなければ、ADを何度も天丼で踊らせる意味がない。これまでバラエティ番組で河田に注目したことは個人的にはありませんでしたが、これからは彼女が出てくるたびに何をヤラかすのか期待してしまう。きっと彼女は〝笑いの神様〟を引き寄せる運の持ち主でしょう」（前出人気放送作家氏）

佐々木久美のマニアックものまね、加藤史帆が涙ながらに踊った〝はっぱ隊〟、そして丹生明里の「タルタルチキン」もそれなりに面白かったが、『今年が勝負、売れなきゃ困る日向坂46』を救ってくれるのは誰なのか――。

皆さんの中でも、その答えが明確に出ているに違いない。

「私は変われる」――河田陽菜の〝覚醒〟

「通常のアイドル月刊誌ではなくグラビアメインの雑誌だったので、写真集部門にランクインしたのでしょう。しかし同時に、河田陽菜のグラビア需要を測ることが出来ました。渡邉美穂、齊藤京子、小坂菜緒に続く個人写真集は〝すでに加藤史帆が制作進行中〟と噂されていますが、いきなり河田が飛び込みで間に入る可能性もありますね」（人気放送作家）

この5／31付け「オリコン週間BOOKランキング」のジャンル別チャート〝写真集〟部門で、2位にランクインしたのがアイドルマガジン『blt graph. vol.67』。その表紙を務めたのが河田陽菜だった。

「5thシングルでフロントメンバー入りし、一気に露出を増やした河田陽菜。そのうちの一つが同誌の表紙だったわけですが、書店に並ぶと〝この美女は誰？〟と話題になり、河田の表紙と巻頭グラビアを目当てに日向坂のファン層以外から注目されました」（同人気放送作家氏）

今年の7月23日で20才の誕生日を迎える河田は、今回のグラビアで普段見せるお茶目な笑顔はもちろんのこと、キャミソール姿でぐっと大人びた艶っぽい表情も披露。フロントメンバーに選ばれた勢いと20才を機に大人の女性へと成長する予感に満ちた、魅力的なグラビアに仕上がっている。

「表紙と巻頭グラビアで彼女を大特集した雑誌が売れたことは、イコール写真集需要があることの証と見られます。これまで3人のメンバーが個人写真集を出し、しかも今年に入ってからの日向坂46の〝旬〟感は齊藤の（写真集の）売り上げを伸ばし、間もなく発売される小坂の売り上げにも直結するでしょう。このグループとしての勢いを写真集に反映させられるのは、河田のように表紙に起用されて雑誌の売り上げが伸びたメンバー。もちろん4冊目の第一候補は加藤ですが、僕は河田のようにトレンドに乗れるメンバーこそ〝ホームラン〟をかっ飛ばす可能性を感じます」（同氏）

写真集といえば、どうしても女性ファッション誌の専属モデル、レギュラーモデルを務めるメンバーが候補になりがちだ。実際、齊藤京子は『ar』誌の、小坂菜緒は『Seventeen』誌の専属モデルを務めているし、4人目の個人写真集候補の加藤史帆も『CanCam』誌の専属モデル。

「その他、キャプテンの久美は『Ray』誌、美玲は『non・no』誌。高本彩花は『JJ』誌、金村美玖は『bis』誌のモデルですが、現状では河田は起用されていません。シングル曲で河田とシンメになることが多い丹生明里も同様ですが、僕は彼女も有力な個人写真集候補と見ています」（同氏）

坂道シリーズのアイドルになった以上、写真集を発売して注目されることがステータスと言っても過言ではない。河田とて〝写真集を出したい〟夢を持っているに違いない。

『これまでの私は、たとえば手応えのある仕事が出来たら自分へのご褒美としてスイーツを食べたり、メンバーの頑張っている姿が自分を鼓舞するモチベーションになったり、もしも願いが叶うなら「1日だけ小坂菜緒になって、経験したことがない仕事をしてみたい」とか、すごく平凡な現実と、「私なんかに叶いっこない」って夢を諦めたり、笑っていれば幸せになれると考えるタイプだったんです。

でも今、自分でもこれまでとは違う充実感を感じるようになって、「明日の私は〝願う自分〟になれるんじゃないか?」――と、確かな裏付けがなくても自信だけは湧いてくる。

「だから私は変われる」――それを証明したいと思います』〈河田陽菜〉

いよいよ覚醒の時を迎えた河田陽菜。

さあ、後は日向坂46運営が勝負に出ればいいだけだ。

初写真集にかけた小坂菜緒の意気込み

名実ともに〝日向坂46のエース〟として認められている小坂菜緒が、いよいよ6月29日、ファースト写真集『君は誰?』を発売する。

4月15日に開設された公式Twitterと公式Instagramのフォロワーは、開設から1ヶ月が過ぎた時点でTwitter14．7万人、Instagram9．6万人で合計24．3万人。

写真集の発売情報や予約情報を発信すると共に、毎日更新中の『#こさかな毎日カウントダウン』や毎週更新中の『#こしゃみくじ』などの動画企画、素の表情を押さえたオフショットを公開。

小坂はもちろん、メンバーも個人ではSNSアカウントを開設していないので、ファンにとっては貴重なツールになっている。

ちなみに今年1月に発売された齊藤京子ファースト写真集『とっておきの恋人』でも同様の展開をしていて、現在でもそのまま残されている齊藤のアカウントはTwitter11.9万人、Instagram14.5万人と、Instagramのほうがフォロワーが多いが、これは「写真集が発売されてから女性ファンがグッと伸びた。基本的に女性に好まれるSNSはTwitterよりもInstagram」だからではないかという。

さて、ファンが注目していたのは、以前から〝坂道シリーズの初水着は写真集から〟のジンクスを、小坂も継承してくれるのか?……だった。

そしてその期待通り、純白のビキニを披露している。

すでに多くの皆さんが手にされているかとは思うが、豊かな緑に囲まれたプールサイドで撮影された初めての水着カットは、白のビキニと白い花束で小坂のピュアな魅力を引き出している。

「緑の芝に横たわる小坂が、水着カットではなかなか見られない花束を抱えることで、ロマンティックな雰囲気を演出しています。さらに初めて見せてくれた美しくしなやかなボディラインに、『Seventeen』モデルとして活躍する小坂ならではのメリハリが効いた表情は、女子が見ても〝最強に可愛い〟仕上がりになっています」（出版関係者）

もちろん注目すべきは、水着カットだけではない。

たとえば学校や田舎道で撮影した〝ザ・青春〟のショット――2人っきりのデートを妄想させるようなシーン。

撮影時期もリアルな現役高校生生活の最後を飾り、眩しい少女から大人の女性へと変わりつつある微妙な変化まで捉えた秀作といえるだろう。


『すごくそこは意識して。

〝子供から大人へ成長していく姿をどう見せるか？〟――は、自分なりの挑戦でもありました。

今までのグラビアとは違う〝自然体の私〟をたくさん見ていただけるように、撮影中はずっと心がけていましたね』〈小坂菜緒〉

しかし〝挑戦〟といえばやはり、初めての水着撮影ではないか。

『初めて水着姿を撮影するので、どうしても自分の〝一番いい姿〟を残したかったし、ちゃんと撮っていただきたかったんです。

だからボディメイクも長い時間をかけて、段階的に取り組みました。

まずは体幹トレーニングから入って、パーソナルトレーナーさんの意見を聞きながら、自分で「どんな体になりたいか？」をイメージして筋トレメニューを組んだんです。

一応、普段からジムには通っているので、ちょっとハードめに仕上げたい部位を選びながら。

それと意識をより強く持ったのは糖質を計算した食事メニューで、
これも誰かに任せずに自分で三食作りました。

ちゃんとした目標があれば〝ストイックになれる〟自分を発見した期間にもなりましたね』

撮影に臨んだ際には――

『現場の明るい雰囲気に助けられて、自分が楽しむことに集中することが出来た』

――とも言う小坂菜緒。

『どうしても、良い作品を作りたかったんです。
そうしないと自分の努力が水の泡になるから。
今回の写真集に関しては、スタッフさんの期待に応えたい気持ちよりも、
〝エゴイズムっぽい気持ち〟のほうが強かったです（笑）』

それでよかったのだ。
だからこそ、素晴らしい写真集が出来上がったのだから。

〝ゴチ〟出演！ 〝食〟へのこだわり

「僕もオンエアを見ていて、一瞬〝あれ？〟とは思いました。結果的に小坂は8人中5位で、自腹はもちろん〝おみや代〟からも逃れられましたけどね。ちなみに最下位はノブで、自腹は17万400円でした」

人気放送作家がこう語るのは、4月29日にオンエアされた『ぐるナイ』の名物企画〝ゴチになります22〟に出演した小坂菜緒について。

皆さんもご承知の通り、この後、彼女はSNSで叩かれることになる。

「小坂は映画『ヒノマルソウル』の番宣のため、共演者の山田裕貴と〝ゴチ〟に出演しました。結果的には山田も2位で抜けたので、この日はゲストチームの圧勝でした」（人気放送作家氏）

表面上、いつもの〝ゴチ〟で番組は終了する。

だが問題は番組冒頭で突如設定された〝新ルール〟だったのだ。

「〝ゴチ〟は最下位が全員の食事代を払うのが企画スタート以来のルール。かつての『とんねるずのみなさんのおかげでした。』の〝男気じゃんけん〟は、じゃんけんに勝った者が男気を発揮して高額の買い物をするのがルール。今はとんねるずの番組はありませんが、残る〝ゴチ〟だけはこの特有のルールを守らなければならなかったのです」（同人気放送作家氏）

〝ゴチ〟MCの羽鳥慎一は冒頭、小坂菜緒が「18才の未成年」であることを理由に、いきなり「未成年チャレンジャーが最下位の場合は一定額を支払い（※小坂は3万円）、残りは割り勘」というルールを発表する。

「もちろん未成年の小坂が8人分を自腹で支払うのは負担ですし、聞いた話では少し前に〝BPO（放送倫理・番組向上機構）から未成年タレントの支払いに関して問い合わせがあった〟という噂も囁かれています。とはいえ、いきなりの新ルール発表は、番組側から視聴者を納得させる説明があったわけでもない。さらに2週間後、19才のめるる（生見愛瑠）が出演したスペシャルは通常通りに行われました」（同氏）

そもそも2018年の〝ゴチ19〟では、1999年2月3日生まれの橋本環奈がレギュラーを務め、しかも年間最下位でわずか1年で〝クビ〟になっている。SNSでは生見や橋本の例を挙げ、「日向坂に忖度して特別なルールを採用しただけでは？」との不満で炎上してしまったのだ。

「日向坂運営も〝ゴチ〟に出る以上は支払いに関してゴチャゴチャ言うハズがありません。僕が聞いた通り、BPOの問い合わせが入ったのが真相でしょう。また、めるると森山直太朗のスペシャルの収録が小坂の収録よりも前だった場合、めるるには新ルールが適用されなくてもおかしくはありません」(同氏)

思わぬところで〝初炎上〟を経験することになった小坂だが、本人は〝ゴチ22〟出演について——

『収録の前の日はドキドキして眠れないほど楽しみだった』

——そうだ。

「初めての〝ゴチ〟参戦を**『自信はないんですけど〝勘は鋭い〟ってよく言われるので、そこで頑張ろうかなと思います』**——と笑顔で語った彼女は、子供の頃から〝食〟に対する強いこだわりを持っていると明かしてくれました。特にお母さんが作ってくれる手料理については、素材の味を損なわないようにデミグラスソースをかけずにハンバーグを食べていたとか。何よりも自宅のご飯を一番に思っていたそうです」(前出人気放送作家氏)

写真集の撮影に挑むにあたり、自ら栄養価を計算して食事をコントロールすることが出来ていたのも、上京するまで〝小坂家の料理〟〝母親の台所ルール〟を自然と刷りこまれていて、苦にならなかったのかも。

小坂菜緒に芽生え始めた〝女優としての自意識〟

この夏、ファースト写真集『君は誰？』をきっかけに、間違いなく一般層に知名度を広げると期待される小坂菜緒。

本人も――

『Ｓｅｖｅｎｔｅｅｎモデルで同い年の（永瀬）莉子ちゃんや（桜田）ひよりちゃんにも、「菜緒ちゃんが外の世界で活躍すれば、それが全部日向坂に返ってくる」――と言ってもらえて、めちゃめちゃ気合いが入りました』

――と語り、日向坂46のエースとしての自覚はしっかりと芽生えているようだ。

『みーぱんさん、史帆さんって尊敬する先輩方がセンターに立って、少しセンターのプレッシャーから解放されてホッとした自分も正直いましたけど、でも同時にそんな自分に対して情けない気持ちもあって……。ここで頑張らないと、私はセンターに〝立たせてもらっていただけ〟になってしまうから』〈小坂菜緒〉

この春に高校を卒業して〝芸能界一本で生きていく〟道を選んだことも、彼女の姿勢に大きな変化を与えてくれたのだろう。

さらにもう一つ、小坂に影響を与えたのが映画『ヒノマルソウル～舞台裏の英雄たち～』への出演だった。

「偶然にもコロナ禍による緊急事態宣言で、公開時期が写真集発売の直前に延期。その二つがほぼ重なったことも〝集中して頑張れる〟モチベーションにもなったようですね」

話してくれたのは、テレビ東京『日向坂で会いましょう』制作スタッフ氏だ。

「作品のロケは去年の1月から2月末にかけ、長野県白馬村で行われました。ちょうどコロナ禍が全国に広がる直前にクランクアップするという、奇跡的なスケジュールで撮影されました。公開は順調ではありませんでしたが、彼女は**『とにかく絶対に見ていただきたい作品なので、公開されるだけで幸せ』**――と言うほど、思い入れの強い作品になったのです」（『日向坂で会いましょう』制作スタッフ氏）

1998年に開催された長野オリンピック、この作品はスキージャンプ競技「ラージヒル団体」で日本初の金メダルを獲得したスキージャンプチーム〝日の丸飛行隊〟の栄光の裏で、25人のテストジャンパーたちが起こした奇跡の物語を映画化したものだ。

「小坂が演じたのは、実在する当時の女子高生テストジャンパー、葛西賀子選手をモデルにした小林賀子役です。あまり聞き慣れないテストジャンパーとは、ジャンプ競技が行われる直前、選手に代わって〝リハーサルジャンプ〟を行う者たちのことで、言ってみれば〝代表選手になれなかった落ちこぼれ〟。しかし彼らがいなければ、日本が金メダルを獲ることは絶対になかった。その光と影を描いた作品で、彼女は渾身の芝居を見せてくれています」（同制作スタッフ氏）

ジャンプ競技のラージヒル団体は悪天候に襲われ、競技の途中で中止にするかどうかの決断に迫られていたという。

その時点で4位だった日本は、中止になれば金メダルどころか銅メダルにも手が届かない。

すると審判団は吹雪の中、25人のテストジャンパー全員が無事にジャンプを成功させれば〝競技を再開する〟との決断を下す。

『私は自分が生まれる4年前、1998年の長野オリンピックでの逆転金メダルを陰で支えた、テストジャンパーの一人を演じました。

もちろん長野オリンピックでスキー団体が金メダルを獲ったことも知らなかったし、でもその裏にあった感動の物語を知れて、

映画の現場とはいえ実感出来たことはすごく幸せでした』〈小坂菜緒〉

グループを離れての映画出演は2019年11月公開の『恐怖人形』(初出演初主演)に続いて2本目だが、今回は実話をベースにしているため、演じるべき〝実在の人物〟がいる。

『実在の方を演じるために、脚本を読み込んで人物像を作っていきました。
それから現場に入って1、2週間たった頃、
実際に吉泉賀子さん（※旧姓 葛西賀子）とお会いして、
当時の心境を直接伺ったことで自分が考えていた賀子の感情を違う方向に修正しました。
猛吹雪の中で危険なテストジャンプをするかどうかという選択は、
17歳の賀子にとって〝怖い〟と思っていたんです。
だけどご本人から「逆に若かったからこそ思いきることが出来た」とお聞きしてから、
心の奥底に「自分ならいけるぞ」と強い想いを持った女の子を演じようと意識しました』

中には実在する人物、それも直接話を聞いたにも関わらず、「自分には自分の解釈がある」と
自分流の役作りをする役者もいるが、小坂は素直に受け入れて修正をしたのだ。

『似てるんですよね、私と(笑)。

「自分がその場にいたら、きっとそう思ってるだろうな」――という言動が多かったので、共演者のお芝居を賀子として受け止めつつ、自分の気持ちを自然に合わせられたんです。感情をセリフに乗せて思いっきり出すところは、

2人分の想いをぶつけているような気がしてすごく楽しかったです』

すでに女優としての自意識を持ち、そして無限の将来性を感じさせる小坂菜緒。

メンバーたちが深夜ドラマ『声春っ!』(日本テレビ)で存在感を示す中、エースの貫禄を見せつけてくれるだろう――。

富田鈴花が〝今後の自分に課しているテーマ〟

「日向坂46の1期生と2期生の特徴は、1期生は長濱ねるを含めたひらがなけやき時代をガッツリと経験しているからか、当初の1期生11名の絆がものすごく強いところ。2期生はもちろん同期全員の仲はいいものの、2人ないし3人組で特に仲が良いユニットのような組み合わせがある。その一つが富田鈴花、松田好花、渡邉美穂の〝ごりごりドーナッツ〟です」

かつて『ひらがな推し』を担当していたテレビ東京制作ディレクター氏は、3人が2期生として加入した当初を振り返り、

「松田と渡邉は同学年で、1999年組は2期生では2人だけです。1期生を入れても美玲が入るだけ。だから2人は最初からよく一緒にいました」

――と言う。

「富田は2001年1月生まれの2000年組で、その代も2期生では富田と丹生明里の2人だけ。しかも1期生には誰もいません。2人しかいないのに〝真逆のタイプ〟なのが面白いところです」

（テレビ東京制作ディレクター氏）

名前に〝花〟の一字が入る共通点がある松田好花とは、〝花ちゃんズ〟というユニットを組む富田。

そしてその松田は渡邉美穂と〝わくわくピーナッツ〟というコンビを組む。

しかし先の〝ごりごりドーナッツ〟と共に、ネーミングの由来は「何となく語呂がいい」だけらしい。

「〝ごりごりドーナッツ〟3人の一番の特徴は、それぞれが自分の得意ジャンルを持っていて、それぞれがリスペクトし合っているところだといいます。たとえば富田は渡邉について『**表現力と自己プロデュース力は誰にも負けない**』――と言い、松田については『**〝絶滅黒髪少女の京風はんなり美人〟と中身のギャップ**』――にいつも魅了されるそうです」（同制作ディレクター氏）

そして富田といえば、松田と渡邉が声を揃える歌唱力だ。

『別に私たちだけじゃなく、みんながそう思っている。
鈴花がいないと私は音程が取れないぐらい』〈松田好花〉

『ライブでイヤモニ（※イヤーモニター）を通して聞こえてくるみんなの歌声の中から、
「一人だけ桁違いですごい人がいるな」って思うと、
それは100％鈴花。アキラ100％じゃなくて（笑）』〈渡邉美穂〉

最近は各アイドルグループに〝歌唱力〟を売りにするメンバーが増えたが、富田鈴花はその誰が相手でも「鈴花なら負けない」と、2人は絶対的に保証するそうだ。

『今は本当に2人とは何か口に出して伝えなくても感じ合える関係で、
それぞれの学校の友だちよりも一緒にいる時間が長いし、朝から夜まで一緒にいることも多い。
〝気は使うけど、気を使わない〟って感じ。
とても居心地がいい関係だなって思います』〈富田鈴花〉

3人は――

『いずれ自分たちが日向坂46を引っ張る覚悟があるかどうか』

――そんなことまでよく語り合っているらしい。

『「自分たちに出来ることは何か?」――

3人でいると、だいたいいつもアツい話になりますね。

「自分たちの未来」「グループをどうしたらいいのか」――そのあり方まで。

活動の中で感じたことを振り返ったり、未来に向けての具体的なステップも。

それぞれ問題意識を持っているので、アツい話になるのは苦にならないんですよ(笑)』

そのアツさがベースになっているからか、富田鈴花は今後の自分に課しているテーマまであるそうだ。

『自分を偽ったり、つくろったりしないこと。
ありのままの自分を信じること。
そして素直になること。
知らないことは「知らない」と言っていいし、
無知の自分を認められる人のもとには、いろんな知識が集まってくる。
自分を偽る人は結果的に何も得られないことのほうが多くて、
自分に正直な人ほど周りのサポートもついてくる。
そして、自分たちに関わってくださるスタッフさんたちを大切に。
もし期待に添えないことがあっても、人間的に裏切ってはいけない。
私たちはこういう考え方を前提に、
「じゃあどうすれば日向坂46がもっと良くなるのだろう」――と考える。
起きてる間はずっと』

日向坂46の〝明日〟を良くするために――。
富田鈴花は常に想いを馳せている。

丹生明里の〝アイドルとしての矜持〟

「デビュー当初から人気の高いメンバーではありましたが、日向坂46は坂道シリーズの中でも1期生人気の高いグループなので、全体でいえば〝中位より少し下〟に収まっていました。しかしオードリー春日をはじめ共演者人気は断トツで、彼女には外仕事のほうが向いている。結果、昨年から一般の新規ファンをジワジワと増やし、5thシングルでは河田陽菜との〝おみそしるコンビ〟のシンメで2曲目のフロントメンバー抜擢。ドラマ『声春っ！』では佐々木美玲とのW主演を務め、5thシングルにも収録されているドラマ主題歌をWセンターで歌っています」

売れっ子放送作家氏が早口で捲し立てるのは、もちろん丹生明里について。

一部ドラマ関係者の間からは「〝第2の小芝風花〟になれる。誰からも嫌われない癒し系のルックスで、コメディエンヌの才能も秘めている」との声も上がり、この秋以降の飛躍が最も期待されるメンバーの一人だ。

丹生を表すのに相応しいのは、かつて齊藤京子が残した日向坂46史上No．1のあの名言――。

『人間は生まれた瞬間はみんな丹生ちゃんみたいな心なのに、どうしていつしか丹生ちゃんの心が忘れていかれるんだろう』

今も生まれた時の純真無垢な性格のままでいる丹生の奇跡を、齊藤が上手く言い表してくれた名言だ。

「丹生ちゃんがブレイクの流れに乗り始めたことは事実。中でも『声春っ！』での美玲とのW主演は、人物相関図的にも美玲が演じる〝日ノ輪めいこ〟を目の敵にする地元の幼馴染み〝尼崎あまね（渡邉美穂）〟のほうがストーリー構成が楽だったはずなのに、丹生ちゃん演じる〝天道まな〟になった。芸能界ではこういうチャンスをきっかけに一気に駆け上ってこそ、本物のタレントになれる。このチャンスを必ずや次に繋げられると信じてます」（売れっ子放送作家氏）

5thシングル『君しか勝たん』共通カップリング曲であり、ドラマ『声春っ！』主題歌の『声の足跡』のミュージックビデオを見ると、確かに丹生が堂々とセンターを務める姿には目を見張らされる。

佐々木美玲と丹生がWセンターの全体曲で、フロントには加藤史帆、金村美玖、河田陽菜、小坂菜緒が並んでいる。

スタッフが「2人の仲の良さやほのぼのとしたやり取りを見ているとホッコリする」からと命名した河田陽菜との〝おみそしるコンビ〟も、いよいよ2人とも成人する年令になった。

『私のほうが陽菜よりひとつ年上ですけど、大人っぽさは陽菜に全然負けてますね（苦笑）。
たまに日向坂のスタッフさんやお仕事先のスタッフさんに、
「大人に変貌した丹生ちゃんのグラビアを見てみたい」なんて言われますけど、
私自身は自然に成長することが美しいと感じているので、
無理に背伸びをする必要は感じてません。もちろん否定する気もありませんけど。
ファンの皆さんはどう感じているのかな?
やっぱり私はファンの皆さん、
テレビの向こう側の皆さんを笑顔にするためにこのお仕事を選んだので、
多くの人が望まないことはやりたくないんです。
悲しませたり苦しめたりすると、絶対に笑顔にはなれないから』〈丹生明里〉

〝すべての人たちを笑顔にするために〟——それが丹生明里の〝アイドルとしての矜持〟なのだ。

丹生明里に出来た〝新たな目標〟

「現在、声優を目指す青春学園ドラマ『声春っ！』に出演中の丹生明里ですが、ドラマのオンエアが始まる少し前、劇場版長編アニメ映画『DEEMO サクラノオト—あなたの奏でた音が、今も響く—』で、リアルな声優に挑戦することが発表されています。サッカー好きの影山優佳がサッカーアニメの声優に抜擢されたように、日向坂46随一のゲーマーでもある丹生も、全世界で累計2，800万ダウンロードを突破する人気アプリゲーム『DEEMO』を原作とした作品の声優に抜擢。メンバー個々の適性に合わせた仕事が舞い込むところに、今の日向坂46の〝強さ〟がありますね」（芸能情報誌ライター）

3月28日にオンライン開催された『Anime Japan 2021』イベントステージでサプライズ発表された、丹生明里の本格的な声優挑戦。

劇場版アニメの主題歌とイメージソングは、『Fate/Zero』『鬼滅の刃』など数々のアニメ作品の楽曲を手がけてきた梶浦由記が担当。アニメファンにすれば、期待しかない作品なのだ。

「アニメファンや〝声ヲタ〟と呼ばれる声優ファンは、かなりの割合でアイドルファンと被っています。期待しかない制作サイドに加え、主人公の女の子・アリス役を人気声優の竹達彩奈が務めると聞いて、驚きと喜びの声を上げるファンが多かったとも聞いています」（同芸能情報誌ライター）

丹生の役どころは物語の鍵を握る謎多き〝仮面の少女〟。

イベントステージにはＶＴＲでのコメント出演だったが——

『初めてこのお話をいただいた時は、本当に心の底から嬉しかったです。

私が演じる〝仮面の少女〟は不思議な存在ですが、

私もメンバーから「不思議だね」って言われるので、

そこは共通点ですすね（笑）』

——と、作品に声優として関わることが出来る喜びをストレートに語っていた。

「彼女は以前から〝声優挑戦〟を目標の一つに掲げていたので、そういう発言がプロジェクトチームの目に留まったと聞いています。またイベントステージの配信ではすでにアフレコに挑戦している丹生の姿も公開され、本作品の藤咲淳一総監督からも『アフレコ前はどうなるんだろうとドキドキしていましたが、丹生さんは発声もちゃんとしている上に演技力も私の想像を超えてきたので、声優さんと同様に対等に扱おうと思って要求を上げていきました。そして、その要求にも答えてくれました』――と、新たなスターの誕生を予感させる絶賛ぶりでした」(同氏)

また主人公の声優を担当する竹達彩奈も、「丹生ちゃんは可愛くて、会うたびに(私が)フニャってなっちゃいます」と、すっかりお気に入りの妹分が出来たらしい。

『大スターで憧れの竹達彩奈さんにそんなことを言われて、嬉しくないハズがありません(笑)。総監督にも褒めていただきましたが、私の中の自己採点はせいぜい〝50点〟。あそこは〝こうしたかった〟〝こうすればよかった〟とか、次から次に出てくるものですね。でも今の実力はすべて出しきれたと思うので、またご一緒させていただく機会があれば、その時は成長の伸びしろを見てもらいたい。新しい目標が出来ました』〈丹生明里〉

「丹生ちゃんはつい先日『王様のブランチ』の〝語りたいほどマンガ好き〟コーナーに単独で出演した時も、レギュラーのニッチェ・江上敬子から『ポメラニアンみたいに可愛い』と絶賛され、相方の近藤くみこも『本当に可愛い！』と完全同意。女芸人が意地悪くアイドルをイジるのはお約束のやり取りなのに、2人ともただメロメロになっただけ。竹達彩奈が惚れ込むのも当然でしょう」（同氏）

その竹達は「まだまだ発表出来ないことがありますが、楽しみに待っていてください」など思わせぶりなセリフでイベントを締めたそうで、「もしやそこには丹生明里の情報も含まれているのでは?」と、劇場版への期待は高まるばかりだ。

〝新しい目標〟が出来た丹生明里の〝伸びしろたっぷり〟な今後の成長が楽しみだ。

〝活動休止からの復帰〟――前向きになった濱岸ひより

「今から4年前の2017年8月に加入した2期生のメンバー9人は、これまで誰一人として卒業していません。加入時から4年間も卒業者がいない期は、坂道シリーズでは乃木坂46の3期生に次いで2番目の長さ。そんな2期生でも、これまでに活動休止者だけは3名出しています」

某メジャーアイドル誌で坂道シリーズの取材を担当するライター氏は、そんな前置きから次の言葉を続けた。

「まずは2019年6月から2020年1月まで休止していた濱岸ひより、続いて2020年9月から12月まで休止していた松田好花。そして2020年11月から2021年3月まで活動を休止していた宮田愛萌の3人です。よく〝活動休止は卒業の前兆〟などと言われますが、日向坂46に関しては現在休養中の佐々木美玲を含め、全員がちゃんとグループに帰ってくることを前提に活動を休止しています。影山優佳なんて、2018年6月から2020年5月まで2年も休業し、グループ名もひらがなけやきから日向坂46に変わっていたんですから」（坂道シリーズ担当ライター氏）

そして約半年間の活動休止を経て復帰したものの、直後に新型コロナウイルスの感染が拡大。復帰以降、いまだにかつてのような規模の活動を行えていないのが濱岸ひよりだ。

『活動休止からの復帰を決めた時は本当に怖くて、当時はとにかく不安しかありませんでした。ある意味、その不安は新型コロナで当たってしまいましたけど（苦笑）。休業中は日向坂46の活動をファンの皆さんと同じく外側から見るしかなくて、休んでいる間は毎日のように自分と日向坂の間の距離が離れていくように感じたり。気持ちは戻りたいのに、体はどんどんと離れていく。まるで幽体離脱してるような感覚でしたね』〈濱岸ひより〉

〝幽体離脱〟という言葉を使って、活動休止当時の不安な心境を語った濱岸。

『復帰を決めて、初めてメンバーのみんなと再会した時の光景は忘れられません。
先輩も同期もみんな温かくて、誰も私のことを嫌そうな目で見なかった。
もちろん活動休止はメンバーに迷惑をかけるので、
決して褒められる選択肢じゃないのはわかってます。
それでもあの時の私は休業するしか道はなかったし、活動を休止してよかった。
戻ってきてよかった』

今は時折、休業中の出来事を同期にだけネタにして笑いを取るという濱岸だが、それは濱岸が——

『本当に同期を信頼しているからこそ、休業中の自分についても知ってもらいたい』

——からだそう。

『普段の楽屋ではワーキャー騒いでるだけで、
お互いにちゃんと正面から話を聞いていないことが多いんです。
だから2人や3人の少人数の時は、私は自分のリアルな気持ちや考え方をハッキリと伝えたい。
そこは自分でも復帰して変わった部分だと思いますし、
すごくいい感じに前を向ける理由にもなってます』

しかし同期には〝変わった自分〟で接することが出来るのに——

『(齊藤)京子さんの前に出ると緊張してダメです。
他の先輩から京子さんのことをツッコまれても、
その瞬間にカーッと顔が真っ赤になってパニックになる』

——のは、相変わらず濱岸のウィークポイントのようだ(苦笑)。

『アイドルとして〝目標〟だなんて言うのがおこがましいほど、ガチで心の底から憧れてます。
いつも「何であんなに完璧なんだろう？」と本当に思いますし、
自分の弱い部分を絶対に周囲に見せないところなんて、
私とは真逆すぎて憧れることすら申し訳ない気持ち。
そして何よりもスゴい努力家で、自分の意見や意志をちゃんと持っている。
常に向上心に溢れている』

――そう言って齊藤へのリスペクトを表現する濱岸。

「でもそんな齊藤に認めてもらいたい気持ちがあるから、濱岸は休業から戻ってきた一面もある。お手本になる先輩に少しでも近づきたいからこそ、彼女は前を向けたのでしょう」（前出ライター氏）

濱岸ひよりの持つポテンシャルは齊藤京子と同等、いや齊藤を優に超えるポテンシャルの持ち主かもしれない。

これからは後輩の3期生、さらには今後加入してくる可能性が高い4期生に〝憧れられる〟メンバーになっていくことだろう――。

ひと回り成長して戻ってきた松田好花

「活動を休止していた2期生の3人の中では、最も短く3ヶ月の休業で戻ってきたのが松田好花でした。彼女は休止理由もハッキリとしていて、眼科系の病気を治療するため。ただ眼の疾病で入院するのは重い部類に入るので、何よりも本人が一番怖かったと思いますよ」

テレビ東京『日向坂で会いましょう』制作スタッフ氏は「当時はスタッフ全員、かなり心配していたんですよね」と、今さらながら「戻ってきてくれてホッとした」と振り返る。

ステージに立つアイドルやアーティストの中には、稀に強いスポットライトや照明、レーザー光線の演出で眼を痛める者もいる。制作スタッフ氏をはじめ多くのスタッフが心配になるのは、そういった前例があるからだ。

「だから昨年の12月24日に行われた無観客配信ライブ『ひなくり2020 ～おばけホテルと22人のサンタクロース～』に一部とはいえ出演して復帰を発表した時には、制作スタッフで〝笑顔で迎えよう〟と約束していたのに、半分ぐらいのスタッフは半泣きでウルウルしてしまいました」（制作スタッフ氏）

『アンコールで「お久しぶりです。日向坂46の松田好花です」――と挨拶した時には、無観客のはずがファンの皆さんの顔が客席に見える気がして、やっぱり涙が出ちゃいました。
本当はまだ眼の状態も自分の体調も100％ではなかったし、一部出演もギリギリまで迷っていたんです。
でも「どうしてもステージに立ちたい」「一日でも早く日向坂46に戻りたい」――その気持ちは押さえられませんでした』〈松田好花〉

眼科系の病気だと診断された時は――

『本当に頭の中が真っ白になって、何をどうすればいいのか、いくら考えようとしても何も浮かばなかった』

――ほどのショックを受けた松田。

医師からは活動を休止して治療に専念することを勧められたというよりも〝強制的に休まされた〟に近かったそうだが――

『活動をセーブしながら治療することが出来ないのかも聞いてみたんですけど、入院して治療するとなればそれも出来ない。だって病室の消灯時間が9時だったので、8時頃までに戻れるようには仕事が出来ないじゃないですか？』

――と、今では冗談まじりに振り返れるほど、眼の状態は万全のようだ。

『あの『ひなくり』のステージに立った時、
メンバーの歌声や息吹をそばで感じながら歌えることが、
「こんなにも幸せなのか」と改めて実感しました。
美穂とはずっと連絡を取っていて病状も知っていたのに、
どうしようかと思うぐらい号泣していて……。
でも最後に美穂が――
「全員揃ってステージに立てるって当たり前じゃないんだなって思って。
影ナレも（休業している）愛萌で、離れてるけど〝22人全員がいる〟って感じる。
本当に嬉しくて感動しました」
――と話してくれた時、待ってくれている人がいる幸せを噛み締めていました。
思い返すと泣いちゃう（笑）』

松田は退院から復帰までの間に――

『せっかくだから何か成長しておきたい。
そういえばスマホの変換に慣れすぎて漢字を書く能力が衰えているから、
この機会に勉強しよう』

――と、漢検2級にチャレンジ。見事に合格を果たしている。

「これでまたクイズ番組への出演で使える武器を増やしたわけですね。きっと真面目な松田だけに毎日何時間もテキストとにらめっこしたんでしょうね。……いやいや、〝そこで眼を酷使してどうすんだよ!〟って、誰かにツッコんでもらいたかったですよ(笑)」(前出制作スタッフ氏)

活動休止は松田好花にとって、辛い経験だったろう。
しかし彼女は、ひと回り成長して戻ってきてくれたのだ。

大学卒業したからこそ言える宮田愛萌の〝正直な気持ち〟

偶然にも2期生の五十音順、6番目（濱岸ひより）、7番目（松田好花）、8番目（宮田愛萌）の順で活動を休止した3人。

松田が2020年12月24日の『ひなくり』で復帰すれば、宮田は今年の3月26日に行われた配信ライブ『デビュー2周年記念 Special 2days 〜春の大ユニット祭り〝おひさまベスト・プレイリスト2021〟〜』で活動休止から復帰。

休業期間はほぼ4ヶ月で、その間に彼女は大学を卒業。公式ブログで卒業証書を手に笑顔で写る袴姿の写真と、通っていた大学が國學院大學文学部であったことを公表。また日本文学を専攻し、図書館司書の単位を取得したことも明かした。

配信ライブの冒頭、日向坂46メンバー21人が登場し挨拶を終わらせると、キャプテンの佐々木久美が――

『あと一人、私たちの大切な仲間を紹介します！』

――と宮田を呼び込む。

メンバーから祝福を受けながら登場した宮田は、申し訳なさそうに――

『体調のほうはまだ本調子というわけではないので、

ちょっと休み休みということにはなってしまうんですけど……』

――と切り出しながらも、

『早くみんなとの活動に合流したくて戻ってきちゃいました。

これからも頑張りますので、よろしくお願いいたします』

――と、愛萌スマイルで語った。

昨年の11月、日向坂46公式サイトに「先日来体調不良を訴えており、医師の診察を受けたところ、激しい運動を控えるようにとの診断を受け、協議の結果、当面の間治療に専念させていただくことになりました」との報告が上がった際には、その体調不良の原因について、これまで以上に様々な噂が飛び交った。

「彼女は大学1年生で日向坂46に加入、当初からお嬢さまっぽい匂いを感じさせていました。計算するとちょうど大学卒業の直前だったので〝単位が足りないのでは〟〝ギリギリまで就活しているのかも〟〝実家でアイドルは学生の間だけと厳命されているに違いない〟などと、無責任ながら、いかにもありそうな噂が囁かれていました」（スポーツ紙芸能担当記者）

それもこれも復帰の舞台で――

『これからはアイドル業に専念します』

――宣言で消し飛んだ。

しかしこの4年間、アイドルと大学生の両立が彼女を苦しめたのは事実だ。

「彼女は中学生の頃から國學院大学文学部日本文学科に憧れていて、古代から現代に至るまでの文学や言語、風俗習慣、儀礼などを学ぶ同学科を目指していたそうです。また國學院大学には157万冊を越える蔵書を誇る図書館があり、ずっと『好きなことを勉強するならここしかない』と進路を決めていた。図書館司書の単位を取得したのも『この学科に来た以上、一つでも結果を残したい』探究心からで、もし2期生オーディションに落ちていたら、図書館司書どころか『きっと日本文学の**研究者を目指していた**』――とか」（同スポーツ紙芸能担当記者）

実は実際に途中、宮田の気持ちはかなり揺れていたのだ。

『この大学で勉強しているうちに、古典だけじゃなく近世の歴史や文学にも興味が湧いて、次から次に勉強したいことが広がっていく実感を感じる毎日でした。
こんなに大好きになれた大学で、
めちゃめちゃ優しくて面白くて最高な友達に囲まれて勉強出来たことは、一生の自慢であり誇り。
だからこそ単位も落としたくなかったし、
アイドルの仕事が大学の負担になり、
そして大学の授業がアイドルの負担にもなっていった』〈宮田愛萌〉

卒業したからこそ言える、正直な気持ち。

『「どっちつかずの自分には価値がない」なんて考えたり、
本気で「どちらかを選ぶ日が来るんじゃないか」と怯えたり。
それでも自分と向き合うたび、答えは「どっちも諦めずにやるしかない」しか出なかった。
自分自身もめちゃめちゃ頑張ったけど、頑張れたのは大学の先生や友だちの支え、
日向坂46のメンバーやおひさまの応援のおかげ。
この4年間の日々は絶対に無駄にはしない。
だから私はアイドル業を究めたいんです』

今は――

『未来に対する期待と楽しみしかない』

――と語る宮田愛萌。

唯一無二のキャラクターを全開に、４年間のうちに叶えられなかったアイドルの夢をしっかりと掴みにいこう――。

渡邉美穂が秘めている〝大いなる可能性〟

「数年前までのＡＫＢ48では埼玉県出身のメンバーが〝チーム埼玉〟を名乗っていましたが、そのメンバーは、こじはる（小嶋陽菜）、まゆゆ（渡辺麻友）、ぱるる（島崎遥香）の〝埼玉ご三家〟に、現・総監督の向井地美音が中心。彼女らはいずれも48グループのシングル曲で単独センターを務めた〝超選抜〟ばかり。そういった意味でも日向坂46のチーム埼玉には、もう少し頑張って欲しいのが本音ですかね」

日本テレビの深夜アイドル枠を担当する制作プロデューサー氏は、「日向坂のチーム埼玉には期待して注目している」と前置きをして、かつてＡＫＢ48の全盛期を彩った〝埼玉県出身メンバー〟の名前を挙げた。

「こじはる、まゆゆ、ぱるるの3人とはタイプは違いますが、日向坂のチーム埼玉、渡邉美穂、丹生明里、金村美玖も、いずれは日向坂46シングル曲のセンターを務めてもおかしくない、なかなかの好素材が揃っている。確かに現状、いわゆるアイドルグループのセオリーでいえば、渡邉は上位で扱われはするものの、そこから上のトップ3にはなかなか食い込めない。丹生と金村はカップリング曲のセンターやユニットセンターには抜擢されても、フロントに固定されるほどではない。それでも僕は、3人ともタイミング次第で一気にセンターを狙えると踏んでいます」（制作プロデューサー氏）

5thシングル『君しか勝たん』では、金村と丹生がフロントメンバーに。渡邉は2列目ではあるが、過去にフロントメンバーに抜擢された経験もあり、2期生の中では、ずっと小坂菜緒に次ぐ2番手で押されてきたのは、皆さんにご説明する必要もないだろう。

「何とか〝もうひと皮むけて欲しい〟と願っているのが渡邉美穂。いつもチーム埼玉がパーソナリティのラジオ番組を聞いているのですが、そこに何らかのヒントがあるのではないかと考えています」（同制作プロデューサー氏）

チーム埼玉が担当しているのが、TOKYO FM『日向坂46の余計な事までやりましょう！』だ。

毎週金曜日の20時からオンエアされている30分番組で、「やらなくてもよい、余計なことまでやってみる」をコンセプトに構成されている。

「少し前の〝『踊る！さんま御殿!!』反省会〟の回を聞いていて、改めて渡邉の可能性を感じたんです。ゴールデンの3時間スペシャルに単独で出演し、正直に言って成功したとは言い難い内容にもへこたれない。並のタレントならトラウマになるところ、彼女はポジティブな〝収穫〟として受け止めていましたから」（同氏）

4月13日にオンエアされた『踊る！さんま御殿!! 春の3時間スペシャル』に、単独で出演した渡邉美穂。

この番組で明石家さんまに気に入られると、この日も共演した滝沢カレンや王林（りんご娘）のように、他のバラエティ番組からも声がかかる。それゆえアイドルやグラドルにとっては〝勝負〟の番組といわれている。

しかしその分、気合いが空回りして結果を出せないタレントがほとんどで、渡邉にはそこが最初の難関だった。

『緊張はあまりしなかったんですよ。
さんまさんよりも（共演の）石原さとみさんのほうが緊張しました（笑）。
実際の放送もリアルタイムで確認したんですけど、
そこで「全然しゃべれてないな」……って、めちゃめちゃへコんじゃって。
テレビだから100％放送されることがないのはわかっているんですけど、
「あっ、（このテーマでも）しゃべったのにな」ということも思いのほかありつつ、
ちゃんと私が話したパートも放送されていたのは嬉しかったですね』〈渡邉美穂〉

〝お笑い怪獣〟明石家さんま対策は、事前に出演経験がある佐々木久美、小坂菜緒から情報を仕入れていたそうだ。

『「さんまさんが目を合わせたら必ず話を振ってくれる」——ってアドバイスをもらっていたんですよ。

だから私、緊張しても絶対に天井とかを見ないで〝さんまさんをめちゃくちゃ見よう〟と思って、ずっとガン見をしてました。

そうしたら本当に、目が合ったらたくさん話を振ってくださって。

だから私としてはいっぱい話せたのに、結構カットされていたのが悔しいというよりは、「そんなに面白くなかったのかなぁ。申し訳ないなぁ」……の気持ちで。

でもあの場所に出られなければ経験すら出来なかったわけで、
それに最後まで集中してガン見して、話を振られたらリアクションとかは出来ていたので、そこは私にとっての〝収穫〟だったんじゃないかと思います』

高校を卒業するまでバスケットボール一筋の渡邉美穂だけに、〝打たないシュートは入らない〟ことは他のどのメンバーよりも理解している。

なるほど、最後の1秒まで諦めずに明石家さんまをガン見し続けた姿勢を〝収穫〟とした彼女は、確かに大逆転を起こし得る可能性を秘めているようだ。

〝女優・渡邉美穂〟が感じている悪役の醍醐味

「日向坂46は積極的にグループドラマを展開しています。今回の『声春っ!』で3本目の主演作ですが、『Re:Mind』『DASADA』と徐々にメンバーの適性を計りつつ配役しているように思えます。また坂道シリーズの配信ドラマ『ボーダレス』に齊藤京子、濱岸ひよりを送り込んだのもその一環でしょう」

この4月クールに日向坂46が出演する連続ドラマ『声春っ!』(日本テレビ)が、静かなブームを呼んでいる。

声優専門学校〝きらめき声優学園〟を舞台に、声優を目指す少女たちの夢と挑戦を描く「笑って泣ける青春ドラマ」をコンセプトに、2020年1月クールの『DASADA』に続く青春群像劇として注目された。

『声春っ!』のメインキャストは主人公の日ノ輪めいこを演じる佐々木美玲、準主役の天道まなを演じる丹生明里。そして2人を取り巻く尼崎あまね（渡邉美穂）、月川雪菜（金村美玖）、本田多恵（河田陽菜）、草間愛理（上村ひなの）の6人。もちろん他にも高本彩花や松田好花、富田鈴花、濱岸ひより、東村芽依、潮紗理菜も出演しているが、物語の進行役でめいこが持つハンカチのキャラクターの声で出演している潮以外、メインキャストとは明確に差がつけられている。これは『DASADA』よりもハッキリとしているだろう。

かつて『Re:Mind』の制作チームにいたディレクター氏は、

「運営が美玲に女優としての才能を感じているのは間違いありません。『Re:Mind』も実質的な主役でしたし、『DASADA』は小坂菜緒や加藤史帆、齊藤京子の能力を試したようなキャスティング。それと個人的に注目しているのは、渡邉美穂の演技力の幅ですね」

――と、渡邉美穂の名前を挙げた。

「『Re：Mind』では2期生によるオーディションを勝ち抜き、一人だけ出演。それもメインの舞台には登場しない、失踪した女子高生の役でした。私立マロニエ女学院を舞台にした『DASADA』では、クラスでは空気的存在ながらデザインの才能を発揮するお嬢さま。そして今回の『声春っ！』は主人公のめいこを目の敵にする幼馴染みの優等生。それぞれに癖のある役を見事に演じ分け、1期生に混じっても存在感を発揮している。今年の1月に単独で出演した『星になりたかった君と』では心臓病を患っているヒロインを演じ、主人公の眞栄田郷敦、さらには注目の若手俳優でもある板垣瑞生、高月彩良らとも互角に渡り合いました」（ディレクター氏）

確かに彼女の出演作を見ると、回を重ねるごとに演技力も向上している。

ところが当の本人は——

『お芝居は楽しい』

——と言いつつも、微妙に不満を抱えているようだ。

『だって『Re：Mind』も『DASADA』も『声春っ！』も、
私が演じた役ってめちゃめちゃ性格悪い女子じゃないですか？
いくらお芝居だといっても、私のことを知らない人には絶対に性格悪いイメージしかつきませんもん。
しかも美玲さんとかおっとりとしていかにも優しそうな役で、私との落差がありすぎる。
丹生ちゃんも陽菜も美玖も、みんなすごい感動する役なのに、
本当に私だけ敵役なのはズルい！』〈渡邉美穂〉

それもこれも渡邉の演技力が評価され、彼女ならば出来ると期待されてのこと。
またブツブツと文句を言いながらも前向きなところが、いかにも彼女らしい。

『声優のお仕事を本格的にやったことがあるメンバーがいなかったので、
〝どういう感じなんだろう〟って、声優のお仕事が想像も出来ませんでした。
だからこそどんな作品になるのか楽しみだったし、
一人一人のキャラクターが面白くてワクワクする。
それはまあ、私のキャラクターは別として認めます（笑）』

またいくら性格が悪い敵役、実家が金持ちであることを鼻にかけた嫌なヤツだろうと、『自分とはまったく共通点がない役を演じることのほうが面白い』とも。

『実際、そこまでひどくはありませんけど（苦笑）、でも共通点はなければないほど面白いです。〝自分の頭の中でイメージを固めて、それをお芝居として表に発信する〟――この作業は私の中では演技のお仕事の醍醐味。

今回の〝あまね〟はとにかく負けず嫌いで、それが空回りして他の子にきつく当たってしまうだけ。「本当は優しい子なんだよ」ってわかっていただけたら、それは私のお芝居が通用した証になる。どんな役でもまずそれを考えるので、

これからも私の演じる役を好きになってもらえるような、私のお芝居が見てくださる方に届くように心掛けたいですね』

敵役や悪役の醍醐味は、視聴者に「悪いヤツだけど憎めない」「悪いヤツだから目が離せない」「悪いヤツだけど好き」と感じさせること。

渡邉美穂はまだ少ないキャリアにもかかわらず、すでにそれが醍醐味であることを会得している。

上村ひなのの背中を押す〝3期生4人の団結力〟

「3期生としては唯一、ひらがなけやきから日向坂46に移り変わる時期を経験しています。1期生の影山優佳はその時期に休業中だったので、上村のほうが日向坂46では〝先輩〟ですね」（人気放送作家氏）

今年の4月でようやく（?）17才になった上村ひなの。

皆さんもご存知の通り、2018年に開催された坂道合同オーディションの合格者として、たった1名だけ当時のひらがなけやきに配属されたメンバーだ。

「14才の中学2年生だったことも影響していたのでしょうが、本当にこの子はアイドルとしてやっていけるのか? もちろんルックスは超がつく清純派のアイドルフェイスですが、正直何を考えているのかわからない独特の存在感は、それまでの坂道シリーズには一人もいなかったタイプでした」（同人気放送作家氏）

いわゆる直感派の天才肌で、『日向坂で会いましょう』で思い出したかのように発するリアクションは、時にオードリー・若林正恭を唸らせるほど。

さらにあの内村光良がＭＣを務める『ＴＨＥ突破ファイル』（日本テレビ）に初出演した時には、番組収録後にわざわざ内村に呼び止められ――

『君は面白いね。
それにしても次から次に逸材が現れて、坂道は本当に奥が深いわ』

――と絶賛されたほどだ。

「ひとつ残念なのは、上村がまだ自分の才能を活かす術を知らないこと。そして本来、内村さんに注目されたらマネージャーサイドは必死になって〝次もよろしくお願いします〟とアプローチをかけるところ、なぜかそういう素振りがない。聞いてみると上村の他にも売り出したいバラエティ班がいて、むしろ上村はバラエティ以外での売り出しを狙っているとか。めちゃめちゃもったいないですよ」（同氏）

運営は加藤史帆や佐々木美玲、齊藤京子らをバラエティ番組に送り込むことを優先事項にしているそうだ。

『「自分のリアクションのどこが面白いのか?」……とか、私には全然わからないです(笑)。

バラエティ番組に出るのは楽しいし、それがゴールデンの番組だったら家族が喜んでくれる。

私のモチベーションはその程度ですよ。

自分でも〝芸能人やアイドルには向いていない〟と自覚してますから、
こうなりたいとかの目標もありません。

でもそんな私だからこそ、

「これまでにはない新しいタイプのアイドルになれる」——と、
ずっと思ってきました』〈上村ひなの〉

やる気がないのではない。上村が信じる、築き上げようとしている〝新しいアイドル〟とは、そういうものなのだ。

「でも坂道研修生からオーディション同期の3人が正式加入して1年、最近では以前のようなマイペースぶりが影を潜め、3人をフォローしながら『3期生をアピールして3期生の仕事が欲しい』と考えるようになっているように見えます。新曲の振り入れや配信ライブのレッスンでは4人がまとまって行動するようになりましたし、スタッフに何かを頼む時は上村が4人の代表として話を通す。考えてみれば上村が1人で戦うよりも、同期の4人で戦ったほうが強い。だからといって彼女は〝新しいタイプのアイドル〟になることを諦めてもいませんよ」（同氏）

上村自身、1stアルバムのリード曲『アザトカワイイ』あたりから変化を指摘されるようになったと語る。

『最初はすごい何回も「最近明るいね。いいことあった？」と聞かれて、「なんじゃそりゃ」と思ってはいたんですけど、でも確かに毎日楽しいのは〝明るくなったからかな〟と考えるようになって。それはきっとお仕事の充実、自分自身の充実のせいだと思うし、「実は私ってそういうバイオリズムに左右されるんじゃん？」――と、それは発見でした』

本人は恥ずかしくて明確には触れないのか、もちろんそのバイオリズムの核を占めているのは3期生4人の関係性。

1期生、2期生に負けない〝少人数だからこそ〟の団結力が、上村の背中を押しているのだ。

『もっともっと、めちゃめちゃ押して欲しい(笑)。

上を目指すなら4人で目指したいし、お互いの長所を伸ばし合えれば芸能界も怖くない!』

――力強く宣言する上村ひなの。

というか彼女には、ただの一度も〝芸能界を怖がっている〟素振りを感じたこともないんだけど……(笑)。

ここは上村の言う通り、3期生4人で一致団結して、もっともっと芸能界の上を目指そうではないか。

髙橋未来虹が語る〝3期生たちの強い絆〟

元(?)新3期生の3名にとっては、5thシングル『君しか勝たん』が、日向坂46の正規メンバーになってから初めての参加シングル曲となった。

「アルバムは経験済みとはいえ、様々な記録とテレビ出演を伴うシングル曲はまた別物。全国ネットの音楽番組で表題曲に参加してこそ、家族や親戚に自慢出来ますからね」(人気放送作家氏)

たとえポジションが3列目であろうと、家族や友人は必ず見つけてくれる。

その点でいえば新曲発売日の時点で身長169.5㎝、坂道研修生時代のプロフィール167㎝から伸び続けている17才の髙橋未来虹は、坂道シリーズ最高身長の土生瑞穂(171.6㎝)を抜き去るのは時間の問題か。

『何か一つでも〝坂道で一番になりたい〟とは、きっとみんなが思ってることですから。

それがたとえ身長でも、私は嬉しい。

だって誰が見ても「あの子が一番背が高い」って言われるんですもんね。

日向坂46の4期生、乃木坂46の5期生、櫻坂46の3期生、
そのうち新たなメンバーに抜かれたとしても、一瞬でも一番で満足。

とりあえず牛乳飲まないと（笑）』〈髙橋未来虹〉

常日頃から『グループに何かを還元しなきゃいけない』と口癖のように語る彼女にとって、それが身長でも——


『私の名前の前に必ず〝日向坂46の〟が付く。

そうすると視聴者の皆さんは「今、坂道で一番背が高い子は日向坂46にいるのか」って、
必ずセットでインプットされる。

どんなに些細な影響でも、日向坂46の名前が広まるのは嬉しい。

だから早く170㎝を越えて、出来れば173㎝ぐらいまではいきたい』

そんな高橋未来虹を、同期でありながら先輩の上村ひなのは――

『すごく頼もしい』

――と話す。

『未来虹は身長だけじゃなく人間的にも大きな人だから、
もっと目立って有名になって欲しい。
未来虹のポジションが上がれば上がるほど、
そこで果たす役割も変わる。
そうすると影響力も変わってくるから』

――と、先輩らしい視点で高橋に期待しているようだ。

またグループに入ってから「人と関わるのが楽しい。自分を知ってもらうために、もっと積極的に発信していきたい」と思えるようになったという森本茉莉は、上村とは別の視点から髙橋の飛躍を願う。

『未来虹には坂道の先輩たちがよく起用される『TGC』じゃなく、
それを飛び越えて世界のランウェイを歩いて欲しいんです。
だから173㎝なんて言わず、余裕の180㎝越えを目指して欲しい。
私が一般のファンだった頃から坂道といえば〝モデル系〟のイメージでしたけど、
世界に飛び出した人は今までにいない。
同期がパリコレのランウェイを歩くことになると、
それはお母さんにお金を借りてもパリまで応援に行きますよ！』〈森本茉莉〉

残る同期の山口陽世は「未来虹の名前が売れれば私は何でもいい」と、控え目に笑いながら語る。

『私は未来虹のパフォーマンスが大好きなので、
注目を集めるならパフォーマンスありきで売れて欲しい。
野球でも基礎が一番大切だし、アイドルがパフォーマンスをおろそかにしたら本末転倒。
それにいつ見ても憧れる未来虹のパフォーマンスが、
もし表舞台で認められないとしたら絶対におかしい。
ダンスも歌も、未来虹の才能を私は信じてるので』〈山口陽世〉

わずか4人だからなのだろうか、3期生たちの絆は強い。

『3人に褒められるのが一番嬉しいし、
私も3人のいいところはたくさん知ってます。
坂道の歴史の中で最も同期が少ない私たちは、
他のどの期よりもお互いの理解を深め、
高め合っていきたいですね』〈髙橋未来虹〉

そうか、一番といえば、すでに〝最少人数の同期で最大のパフォーマンスを魅せる〟ことで、一番ではないか――。

〝あざとさ名人級〟森本茉莉の魅力

「名前が〝マリィ〟と洒落てるせいか、ルックスもハーフ系の美少女。坂道研修生から日向坂46に配属された時から、いろいろな雑誌が〝処女グラビア〟を狙ってましたね」（テレビ東京関係者）

名前の茉莉に〝花〟を加えると〝ジャスミン〟の一種になる。まさに森本茉莉にピッタリかと思いきや、森本は可憐なジャスミンというよりも〝アザトカワイイ〟系の女子だという。

「変な話、茉莉を〝マリィ〟と読ませるだけで男子の興味と注目を集めることが出来る。名前は本人がつけたわけではありませんが、命名された時から〝あざとく生きる運命〟を背負わされたのかも（笑）」（同テレビ東京関係者）

実は坂道合同オーディションの時も、森本は配信する時間帯によって声色を使い分けていたという。

高校生の森本は配信可能な時間帯も限られていたので、早朝は押さえ気味の小声で。夕方からは明るく元気な声で。

そのギャップのせいか、特に〝小声配信〟は評判が良かったという。

「それよりも彼女の〝あざとさ〟が全開だったのは、新3期生として入ってからです。ある先輩をターゲットに、上手く手のひらの上で転がしていました」

——と語るのは、日向坂46の冠ラジオ番組『日向坂46の「ひ」』制作スタッフ氏だ。

「去年の夏頃、森本がキャプテンの久美とパーソナリティを務めた回があったのですが、そこであの久美を手玉に取ったんです」（『日向坂46の「ひ」』制作スタッフ氏）

去年の夏といえば、早生まれの森本は17才の高校3年生。

一方の久美は24才だが、こちらも早生まれなので年令差もそのまま7才（学年）もある。活動歴も丸4年で、さすがに高校生に手玉に取られるとは……。

「手玉に取られたといっても、森本のあざとさに〝超いい気分になっていた〟ということですけどね。実は密かに久美の悩みでもあったことを、森本が解消してくれたんですよ」（同制作スタッフ氏）

先に久美の悩みからお話ししておこう。

ひらがなけやき時代から最年長としてメンバーをまとめ、グループを引っ張ってきた久美だが、同期から後輩まで彼女を〝推しメン〟と言ってくれるメンバーが一人もいないことだ。

「アイドルを推すのはファンの皆さんですから、グループのメンバーに推されてもあまり意味はありません。しかし推すイコール〝好き〟〝憧れ〟ですから、推されないよりも推されたほうがいい。メンバー人気の高い齊藤京子、加藤史帆らを、顔には出さずとも〝羨ましい〟と思っていたのです」(同氏)

では森本は久美を〝推しメン〟と言って喜ばせ、手のひらの上で転がしたということか。

「彼女のあざとさは、そんな単純なレベルではありません。森本は久美を〝最も尊敬するメンバー〟に挙げ、その理由をアツく語ったのです。久美もいきなりミエミエの〝推し宣言〟をされるよりも、具体的な例を挙げてキラッキラの瞳で〝尊敬してます〟と迫られたほうが嬉しい」(同氏)

森本は「メンバーに推されない。尊敬もされない」と言う久美に――

『久美さんはメンバーさんたちをビシッと叱れる。

番組でオードリーさんに対して少し態度が悪かった私たちに、

「みんな返事は!」って注意する姿は本当にカッコ良かった』

――と、うっとりした表情で力説していたという。

なるほど、久美はキャプテンだからこそ、これなら素直に受け入れて喜ぶだろう。

「まさにその通りで、帰る時には久美のほうから『近いうちにご飯にいこう』――と誘ってましたから。大袈裟でもミエミエでもなく、メンバーの最高実力者を数分で味方につける。〝あざとさ名人級〟の見事さでした（笑）」（同氏）

少しくらいあざとくてもいいではないか。

いや、〝名人級〟ともなれば、それは立派な武器になる。

そんな森本茉莉の魅力にメンバーもファンも虜になるのだから――。

山口陽世が残した圧倒的なインパクト

「山口が最初に注目を集めたのは昨年4月の新3期生のお披露目でした。特技を披露するところで野球のピッチングとキャッチングを実演し、その実力が明らかにアイドルのレベルを越えていたことで驚きの声が上がりました」（アイドルライター）

自己紹介キャッチフレーズが『砂丘の中からこんにちは』という、鳥取県出身の3期生・山口陽世。お披露目の時は16才の高校2年生だった彼女だが、この1年で特技の野球にも磨きをかけ、日向坂46 OFFICIAL YouTube CHANNELで先行公開された『君しか勝たん』個人プロモーションビデオでは、『ぱるよの星』のタイトルで前横浜ベイスターズ監督で強打者としても大活躍したアレックス・ラミレス氏と対決する予告編が流れ、ファンを騒然とさせた。

「実は鳥取というか山陰地方では小学生女子の少年野球が盛んらしく、大会も開かれています。AKB48チーム8の鳥取県代表の徳永羚海も野球が特技で、山口よりも半年早い2019年10月のコンサートでピッチングを披露し、2,000人の観客から喝采を浴びています」（同アイドルライター）

冒頭でも触れているが振り返れば昨年の4月、『日向坂で会いましょう』(テレビ東京)で思い思いの自己紹介アピールを繰り出した当時の新3期生3名のうち、圧倒的なインパクトを残したのが山口陽世。

初登場して尊敬する先輩に佐々木美玲の名前を挙げると、身長151cmと小柄な山口を「可愛くてしょうがない」「ベイビーって呼んでます」とデレデレで語る美玲。

まさかその直後、スタジオをどよめかせる特技が披露されるとは想像もしていなかっただろう。

「〝少年野球経験者〟だとカミングアウトした山口は、オードリー春日を相手に肩慣らしのキャッチボールを始めると、次第にその投球に熱が入っていきました。そして春日をキャッチャーに見立てて座らせると、初球が球速71km、2球目が78km、さらに3球目が80kmと投げるたびに球速を上げ、しかもアメフト経験者で運動神経抜群の春日が3球ともキャッチングミスをするほどの力強さ。すぐにオードリー若林が**『決まりだね、(プロ野球の)始球式』**——と笑顔でリアクションしてました」(同氏)

もともとメンバーに「始球式をやらせたい」と野球企画を取り込んできた番組に、遂に救世主が現れたのだ。オードリーの2人が喜ばないはずがない。

「今年の5月下旬、仙台出身の乃木坂46・久保史緒里が、地元にホームを置く楽天ゴールデンイーグルスの主催試合で始球式に登場。女性タレントではめったに見られないノーバウンド投球を見せました。山口がノーバウンドなのは当たり前として、スタンドをどよめかせる速球を投げ込んで欲しい」(同氏)

見かけからは想像もつかない意外な特技で圧倒的なインパクトを残した山口陽世。

始球式に登場する彼女の晴れ姿を一日も早く見てみたい——。

日向坂46
ひなたのあした

2nd Chapter

～フレーズ集～

Phrase
of
HINATAZAKA46

潮紗理菜

『よく「大器晩成タイプだね」って言われるけど、
それは褒め言葉なのか慰められてるのか（苦笑）。
私はマイペースだけど、ちゃんと結果を残していきたいんですよ』

本人の努力がなかなか結果に繋がらず、ファンもジレンマを感じる潮紗理菜の現状。しかしその努力を信じ、全うすれば光は差す。

影山優佳

『ラ・リーガに例えるなら、
乃木坂さんはレアル・マドリード、
私たちは同じマドリードにあるけど、
永遠に2番手扱いのアトレティコ・マドリード。
でも今年は終盤までリーガの首位で優勝しそうだし、
決して私たちが乃木坂さんを超えることは不可能じゃない』

さすがアイドル界No.1のサッカー通、影山優佳。そう、今の日向坂には
超えられない壁などない。

加藤史帆

『私は最初から用意された〝正解〟のセンターじゃなく、
自分こそが正解を超えた〝予想外のセンター〟だと言われたいんです』

小坂菜緒と2人、ずっとフロントポジションをキープしてきた加藤史帆の初センター。これまで出せなかった〝欲〟を全開にする時が訪れたのだ。

齊藤京子

『私たちには日向坂46にいるからこそ叶えられる夢がたくさんあって、そのありがたみを忘れて〝当たり前〟だと思い始めたらダメなんですよ』

写真集『とっておきの恋人』で日向坂屈指の人気を証明した齊藤京子。しかしそれもすべて、自分が日向坂46のメンバーだったからこそ。その謙虚さはいつまでも変わらない。

佐々木久美

『ひらがなけやき時代から丸5年が過ぎて、
今はコロナ禍ではあるけれど、ようやく日向坂が認められた実感があります。
もう誰も、過去の自分たちに縛られたりはしていませんから』

グループのキャラクターが明るく爽やかだからか、過去の自分たちに縛られていたことがあるとは想像もしなかった。しかしキャプテン・佐々木久美だからこそ言える本音なのだろう。

佐々木美玲

『私は頑張りすぎると気持ちが空回りするタイプなので、
正直、「適度な間隔で真ん中に立てればいいかな?」——って。
完全に負け惜しみにしか聞こえませんね(笑)』

『アザトカワイイ』でセンターを射止めた爽やか佐々木美玲だったが、シングル曲では2列目に。1～3列まで経験している彼女が見せた意地とプライドの一端。

高瀬愛奈

『今を無駄にする人には1分後の未来すら来ない。
たとえ自分の描いた未来ではなくても、私は今を無駄にしたくないんです』

なかなか光が当たらないからといって、拗ねていては1ミリも先に進めない。高瀬愛奈は決してそんな自分にはならない。

高本彩花

『日向坂のメンバーのことが大好きなのは、
誰も見え透いた嘘や言い訳をしないから。
だから最後まで信じられるし、
私も信じられたい』

メンバーの潤滑油的存在の高本彩花は、心から信じられる日向坂46メンバーとの出会いを誇りに思っている。

東村芽依

『ハッキリ言って、私は自分のアイドル人生に悔いを残したくないし、
まだまだやりたいことが残っているから、
卒業なんて考えたことありません。
やる気がなさそうに見えたら、それは見る目がないと思います（笑）』

時おり指摘される東村芽依の〝やる気のなさ〟だが、彼女自身はキッパリとそれを否定。いよいよセンターの座へ、本格的な快進撃が始まりそうだ。

金村美玖

『私は客観的に自分が劣っているところを分析して、
それを克服するように頑張っていることを〝やめない天才〟なんです（笑）』

『ソンナコトナイヨ』『君しか勝たん』と2曲連続でフロントメンバーに選ばれた金村美玖。デビュー曲『キュン』は3列目スタートだっただけに、上昇志向にぬかりはない。

河田陽菜

『ずっと『ドレミソラシド』の自分に追いつけるように。
そして今は『君しか勝たん』の自分に勝ちたい』

初めてフロントメンバーに選ばれたのは、2ndシングルの『ドレミソラシド』。
そしてようやく戻れたその場所は、今の河田陽菜にとってはステップアップの踏み台。

小坂菜緒

『デビュー曲から4曲続けてセンターに立たせてもらえて、
でもいつもどこかにずっと――
〝先頭に立つべき人は、それに相応しい努力をしている先輩たち〟
――と思っていたのは本当です』

言わずと知れた〝日向坂46の顔〟を担う小坂菜緒だが、そのプレッシャーから解放された今のほうが「生き生きとしている」のは言いすぎだろうか。

富田鈴花

『正直、私のキャラにネガティブな意見があるのはわかってます。
でも周りからいろいろと影響を受けるとブレブレになるだけ。
だから私は自分が楽しいと思える道を進みたい』

すでにパリピは「過去のもの」とする声もある富田鈴花だが、何をするにも真っ直ぐに進む性格は、このセリフにも表れている。

丹生明里

『最近〝おじいちゃんのアイドル〟って言われてるみたいだけど、
私をアイドルと思っていただけるなら何才の方でも嬉しい。
応援してくださる方が増えれば増えるほど、
こんな私でも自分に自信がつくんですよ』

『君しか勝たん』で『ドレミソラシド』以来のフロントメンバーに選ばれた丹生明里。いよいよ〝坂道屈指の癒し系〟が天下を取るか。

濱岸ひより

『私はお休みしていた期間があるからみんなより遅れてるけど、
でも逆にそこからコツコツと焦らずに頑張ろうと思ってやってきて、
初めて2列目に上がれたんです。
日向坂で初めて、何かをやり遂げられた気がしました』

デビュー当初からポテンシャルは高く評価されていたものの、思うようなポジションを得られなかった濱岸ひより。次はフロントに上がるだけだ。

松田好花

『この環境に甘えたくない気持ちは私も他の2期生と同じで、
日向坂にいるだけで成功するような世界じゃないのもわかってます。
今はきっと〝もがいてもがいて〟自分の居場所を作る時期』

京都出身で柔らかな物腰と控え目な性格で他のメンバーとは一線を画する松田好花。それは魅力であると同時に、芸能界では弱点になりがちだが、彼女のこの強い想いがあれば大丈夫だ。

宮田愛萌

『大学も卒業しましたので、日向坂46に就職したつもりで頑張ります。
……あっ、ちなみに大学が大学だからって、
ご朱印をたくさん集めて単位をもらったわけじゃありません（笑）』

この3月、國學院大学文学部日本文学科を卒業すると同時に大学名をカミングアウトした宮田愛萌。確かに國學院大学には神道文化学科があり、神道文化コースには全国から神社関係の子息が通ってはいるが。日向坂46に晴れて就職した彼女の今後に期待しよう。

渡邉美穂

『ずっと運動部だからわかるんです。
「私はここまで頑張ったのに」って思うのは、それが自分の限界だってこと。
だから私は「ここまで頑張った」とか思いたくない』

渡邉美穂は「自分の限界」と言うが、それは「自分自身に対する言い訳」なのだろう。だから彼女は決して言い訳はしない。

上村ひなの

『私は3期生で1人だけデビュー曲からメンバーですけど、
全然満足な結果を出せてない。
このままじゃ3期生が空気になってしまうので、
4人全員がフロントに立てるように、高い目標を持ち続けたいんです』

当初は〝たった1人の3期生〟だった上村ひなの。先輩たちから甘やかされる時期はとっくに過ぎた。さあいよいよ下剋上を目指せ。

高橋未来虹

『日々、失敗と反省です（笑）。
でもそれは成長するための大切なステップ。
時間を無駄にしないように、
どんな瞬間も勉強なのは、先輩たちからしっかりと学んでいます』

失敗を恐れていては何も出来ないが、失敗してもいいわけでもない。自分に何が出来るか……その見極めは経験からしか得られない。

森本茉莉

『「私には日向坂46にいる資格があるのか?」
——それはいつも考えますね。
でもネガティブな意味ではありません。
その資格を得るには何をすればいいのか、
ポジティブに探すためです』

どうしてもまだ存在感を発揮しきれていない3期生だが、ポジティブな気持ちだけは忘れないようにして欲しい。

山口陽世

『明日の私、何ヵ月後かの私、
1年先、数年先の私――
どんな私を作るか、まだキャンバスは真っ白ですよ』

可能性は無限。3期生だからといって尻込みする必要はない。可能性を探るには、何よりも積極性と好奇心を忘れずに。

エピローグ

日向坂46のオフショット写真集『日向坂46写真集 日向撮VOL.01』が、発売2週目で累積売上げ11.5万部を突破、順調なスタートを切った。

『ひなさつ』は日向坂46のメンバー全員がカメラを持ち、お互いの素顔を撮影したオフショット写真集。およそ1年半に渡って写真週刊誌『FRIDAY』で連載された写真に加え、大量の未公開カットを追加。メンバー同士だから見せる自然体な表情が詰まった1冊になっている。

また現在も同時連載中の『のぎさつ』も、これまでにVOL.1とVOL.2が発売され、前者が累計36万部、後者が累計26万部。

「そもそもはAKB48の『友撮（ともさつ）』が元祖ですが、坂道シリーズでは『のぎさつ』が最初の1冊目だったので、売れたのは当然。また『のぎさつ』が売れなければ『ひなさつ』には繋がらないので、これからどこまで先輩の牙城に迫れるか、各方面から注目されています」（スポーツ紙芸能担当記者）

皆さんもご存知だろうが、日向坂46にとっての最初の写真集は2019年8月に発売された日向坂46ファースト写真集『立ち漕ぎ』で、累計発行部数は19万部に及んでいる。

「欅坂46も全盛期の2018年11月にグループ写真集『21人の未完成』を発売、こちらは累計発行部数が22万部とやや日向坂46を上回っています。平手友梨奈は個人写真集を出していないので、平手ファンはこれを買うしか選択肢がなかったのも要因の一つでしょう」（同スポーツ紙芸能担当記者）

そう、写真集の場合は白石麻衣や生田絵梨花の例を出すまでもなく、個人写真集の売上げこそがグループの人気、知名度を上げる手段として捉えられているのだ。

「『のぎさつ』や『ひなさつ』は、いくら未公開ショットをふんだんに盛り込んでも、しょせんは週刊誌連載の焼き直し。作り込んだ個人写真集が一般に浸透してこそ、その効果がグループにフィードバックされるのです」（同氏）

その点でいえば、日向坂46は〝エース〟が登場する前に大きな結果を残している。

今年1月に発売された齊藤京子のファースト写真集『とっておきの恋人』は、坂道シリーズの個人写真集（※フォトブック含む）売上げランキングで、驚くべきことに歴代9位に食い込んでいるのだ。

1位　白石麻衣『パスポート』（累計売上げ約44・8万部）
2位　生田絵梨花『インターミッション』（約31・2万部）
3位　与田祐希『無口な時間』（約21・4万部）
4位　長濱ねる『ここから』（約20・6万部）
5位　山下美月『忘れられない人』（約19・1万部）
6位　齋藤飛鳥『潮騒』（約19・0万部）
7位　西野七瀬『風を着替えて』（約18・3万部）
8位　西野七瀬『わたしのこと』（約18・1万部）
9位　齊藤京子『とっておきの恋人』（約12・6万部）
10位　生田絵梨花『転調』（約12・0万部）
※以上、5月20日現在

確かに8位とは差があるが、まだ発売から4ヶ月しか経っていない齊藤には上がり目しかない。

さらに驚くべきは、齊藤がアッサリと抜き去ってきたメンバーだ。

11位〜20位
西野七瀬『普段着』
橋本奈々未『2017』
渡邉理佐『無口』
梅澤美波『夢の近く』
白石麻衣『清純な大人』
衛藤美彩『話を聞こうか。』
与田祐希『日向の温度』
菅井友香『フィアンセ』
今泉佑唯『誰も知らない私』
秋元真夏『しあわせにしたい』

そしてこの6月29日に発売される、日向坂46の〝エース〟小坂菜緒のファースト写真集『君は誰?』。

この写真集が乃木坂46の3期生ツートップ、与田祐希と山下美月にどこまで迫れるのか? あるいは抜き去ることが出来るのか?……で、日向坂46の本当の真価が試される。

果たして2021年の夏、勝利の女神は日向坂46に微笑んでくれるだろうか——。

いや、微笑むに違いない。

日向坂46
ひなたのあした

〔著者プロフィール〕
登坂彰（とさか・しょう）

メジャーレコード会社で音楽ディレクターを務めた後、フリーディレクターとして独立。数々のアーティストの楽曲制作に携わる。その後テレビ音楽番組にも進出。現在、テレビとラジオで５本以上の番組と関わる。本書では、彼の持つネットワークを通して、日向坂46メンバー及び運営と交流のある現場スタッフを中心に取材を敢行。日向坂メンバーが語った“言葉”と、周辺スタッフから見た彼女たちの“素顔”を紹介している。
主な著書に『勇気をもらえる日向坂46の言葉』『日向坂46～日向のハッピーオーラ～』（太陽出版）がある。

日向坂46
～ひなたのあした～

2021年6月28日　第1刷発行

著　者……………… 登坂　彰
発行者……………… 籠宮啓輔
発行所……………… 太陽出版
東京都文京区本郷4－1－14　〒113-0033
電話03-3814-0471／FAX03-3814-2366
http://www.taiyoshuppan.net/

デザイン・装丁… 宮島和幸（ケイエム・ファクトリー）
印刷・製本……… 株式会社シナノパブリッシングプレス

ISBN978-4-86723-041-1

日向坂46
ひなたのあした

◆ 既刊紹介 ◆

阿部慎二［著］　定価 1,400円+税

櫻坂46
～櫻色の未来へ～

『今頑張ればすぐ手が届きそうな、
ほんの一歩先に未来がある感覚。
ファンの皆さんには
櫻坂46の新たな未来を一緒に歩いて欲しい。
きっと皆さんも、
キラキラした私たちを好きになってもらえると思うから』
【渡邉理佐】

『私がしなきゃいけないのは、
新しいグループでファンの皆さんに新しい景色を見せること』
【菅井友香】

彼女たち自身の言葉と、知られざるエピソードで綴る
――“新生・櫻坂46”の真実!!

桜が舞う坂道を駆け上っていく26人の“素顔のエピソード”

◢ 主な収録エピソード

★『こち星』パーソナリティへの尾関梨香の想い
★小池美波が目指す“グラビアセンター”
★小林由依を“女優”として成長させた映画初出演
★キャプテンとして勝負を賭けた菅井友香の“舞台出演”
★土生瑞穂に自信をつけさせた“苦手克服術”
★守屋茜が平手友梨奈を見守ってきた“目線”
★渡邉理佐と櫻坂46が作り上げる“櫻色に輝く未来”
★大園玲がメモに記す“櫻坂46の設計図”
★武元唯衣の“迷い”を消した力強い宣言
★“櫻坂46の聖母”田村保乃の夢
★藤吉夏鈴が秘めている“大きな可能性”と“才能”
★松田里奈が自覚する櫻坂46で担う“役割”
★新生・櫻坂46の“象徴的な存在”――森田ひかる
★山﨑天が見据える“櫻坂46の未来”

◆既刊紹介◆

松前恭一［著］定価 1,300円+税

乃木坂46　希望と未来
白石麻衣×齋藤飛鳥×遠藤さくら

松前恭一［著］

『これからの乃木坂46には、希望と未来しか感じない』【白石麻衣】

『これからは、私も変わらなきゃいけないね』【齋藤飛鳥】

『私は頑張ることしか出来ない。
自分が出来るだけのことを、全部出す。
そうやって頑張れば、いつか乃木坂46に
貢献することが出来るかもしれないから』【遠藤さくら】

彼女たちが舞台裏で語った「本音」
そして「知られざるエピソード」
側近スタッフだけが知る彼女たちの“素顔”を独占収録!!

◢ 主な収録エピソード

★白石麻衣が踏み出した“次のステップ”
★白石麻衣の“卒業プラン”
★白石が圧倒される生田絵梨花の“妥協しない姿勢”
★白石が星野みなみに期待する“乃木坂 46 の新陳代謝”
★大園桃子への白石麻衣の想い
★齋藤飛鳥があのCMで見せた“半歩前のテクニック”
★秋元真夏が気づいた飛鳥の“変わりたい”想い
★飛鳥が尊敬する高山一実の“変わらぬ姿勢”
★飛鳥と堀未央奈が撒いた“次に繋がる種”
★『プリンシパル』で覚醒した遠藤さくら
★遠藤さくらが溢した“乃木坂 46 への覚悟”
★3期四天王 vs 4期生トリオ

◆ 既刊紹介 ◆

藤井祐二［著］　定価 1,400円+税

素顔の白石麻衣
～アイドルの衣を脱ぐ時～

『卒業するメンバーは乃木坂にいる時よりも輝く、
成長するために卒業するんです』
【白石麻衣】

“絶対的エース”白石麻衣、乃木坂46卒業！
彼女自身が語った“本音”
側近スタッフそして乃木坂メンバーが語る“知られざるエピソード”満載！
卒業に至るまでの心境、アイドルの衣を脱ぎ去った彼女の未来
“アーティスト”として“一人の女性”としての「白石麻衣の真実」に迫る――!!

★白石麻衣の“過去・現在・未来”のすべて――“素のままの白石麻衣”独占収録★

◢ **主な収録エピソード**

- “卒業”――白石の本心と運営の思惑
- 白石が“卒業”を確信した瞬間――
- 白石が感じていた“2年前の予兆”
- 西野七瀬との“絶妙な距離感”
- “次期センター”に指名する後継者
- 白石が意識する“同じ年のライバル”
- 白石が掴んだ“新たな夢と目標”

藤井祐二［著］　定価 1,400円+税

白石麻衣×乃木坂46
～坂道の向こう側へ～

『今は“自分にどんな恩返しが出来るか”ばかり考えている』
【白石麻衣】

白石麻衣自身が明かす“本心”と、
彼女を間近で見てきた側近スタッフが語る
“知られざるエピソード”から綴る
「白石麻衣、そして乃木坂46の真実」
乃木坂の将来を担う3期生、4期生の“今”、そして“これから”の白石麻衣――

◆ 既刊紹介 ◆

登坂 彰［著］　定価 1,300円+税

平手友梨奈×長濱ねる
〜てちねる〜

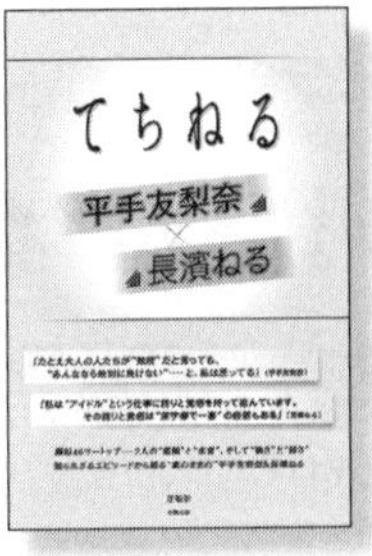

『たとえ大人の人たちが“無理”だと言っても、
“みんななら絶対に負けない”――と、私は思ってる』
【平手友梨奈】

『私は“アイドル”という仕事に
誇りと覚悟を持って臨んでいます。
その誇りと覚悟は“漢字欅で一番”の自信もある』【長濱ねる】

２人の“素顔”と“本音”、そして“強さ”と“弱さ”――
知られざるエピソードから綴る“素のままの”平手友梨奈&長濱ねる

主な収録エピソード

＜平手友梨奈＞
- 平手とメンバーとの間にある“強い絆”
- “平手休演”がもたらしたメンバーの“意識改革”
- 平手の言葉に込められた“メンバーのモチベーション”
- 平手を苦しませる“カリスマ性”
- 平手にとっての“キャプテン菅井友香”の存在感
- 『欅共和国 2018』を“復帰ライブ”に選んだ理由
- 平手が持っている“プロ”としての矜持

＜長濱ねる＞
- “兼任から専任へ”――ねるの成長を促した漢字とひらがな兼任
- “個性って何？”――ねるの自問自答
- 写真集『ここから』に詰まっている、ねるの“郷土愛”
- “乃木坂超え”を狙う、ねるの意気込み
- 上村莉菜の“卒業”を思い留まらせた、ねるの激励
- “センター土生”へ、ねるがかけた言葉
- ねると理佐に築かれた“特別な絆”
- “天才てち”と“スーパーな秀才ねる”

◆ 既刊紹介 ◆

登坂 彰［著］　定価 1,300円+税

日向坂46
～日向のハッピーオーラ～

『もうこれからは乃木坂さんや欅坂さんに気後れせず、ライバルだと思って頑張ります』【佐々木久美】

“ひらがなけやき”から“日向坂”へ
新しい坂道を駆け上り始めた彼女たちの今、
そして、これから――

★メンバー自身が語る「言葉と想い」
側近スタッフが明かす「エピソード」で綴る
――“素顔の”日向坂46★

主な収録エピソード

＜プロローグ＞ ～“ひらがなけやき”から“日向坂”へ～
＜1st Chapter＞ 立ち上がったデビュープロジェクト
＜2nd Chapter＞ メンバーオーディション～チーム結成
＜3rd Chapter＞ 築かれた“固い絆”
＜4th Chapter＞ デビュー、そして走り出した日向坂46

＜メンバー・エピソード集＞
★齊藤京子に求められる“真の実力者”ゆえの課題
★加藤史帆に期待される“バージョンアップ”
★佐々木美玲が持ち続ける“自分に対する厳しい姿勢”
★高本彩花に生まれた“意欲”と“自信”
★東村芽依が実践する“嫌なことを忘れる”方法
★河田陽菜が目指す“アイドル界のニューウェーブ”
★丹生明里に試される“笑顔の天使”ゆえの試練
★渡邉美穂が持っている“タレントとしての才能”
★小坂菜緒が醸し出す“ハッピーオーラ”